"十三五"国家重点出版物出版规划项目

中国汽车工程学会
汽车工程图书出版专家委员会　**推荐出版**

Springer

新能源汽车关键技术研究丛书

新能源汽车动力电池技术

AUTOMOTIVE BATTERY TECHNOLOGY

[奥] 亚历山大·泰勒（Alexander Thaler）
[奥] 丹尼尔·瓦兹尼格（Daniel Watzenig）　主编

陈勇 译

北京理工大学出版社
BEIJING INSTITUTE OF TECHNOLOGY PRESS

版权专有　侵权必究

图书在版编目（CIP）数据

新能源汽车动力电池技术 /（奥）亚历山大·泰勒（Alexander Thaler），（奥）丹尼尔·瓦兹尼格（Daniel Watzenig）主编；陈勇译. —北京：北京理工大学出版社，2017.2（2022.7重印）

（新能源汽车关键技术研究丛书）

书名原文：Automotive Battery Technology

"十三五"国家重点出版物出版规划项目　中国汽车工程学会汽车工程图书出版专家委员会推荐出版

ISBN 978-7-5682-3693-5

Ⅰ. ①新… Ⅱ. ①亚… ②丹… ③陈… Ⅲ. ①电动汽车-蓄电池-研究 Ⅳ. ①U469.720.3

中国版本图书馆 CIP 数据核字（2017）第 029140 号

北京市版权局著作权合同登记号　图字：01-2017-0343
Translation from the English language edition:
Automotive Battery Technology
edited by Alexander Thaler and Daniel Watzenig
Copyright © The author(s) 2014
Springer International Publishing AG is part of Springer Science + Business Media
All Rights Reserved

出版发行 /	北京理工大学出版社有限责任公司
社　　址 /	北京市海淀区中关村南大街 5 号
邮　　编 /	100081
电　　话 /	（010）68914775（总编室）
	（010）82562903（教材售后服务热线）
	（010）68944723（其他图书服务热线）
网　　址 /	http：//www.bitpress.com.cn
经　　销 /	全国各地新华书店
印　　刷 /	廊坊市印艺阁数字科技有限公司
开　　本 /	710 毫米×1000 毫米　1/16
印　　张 /	8
彩　　插 /	4
字　　数 /	149 千字
版　　次 /	2017 年 2 月第 1 版　2022 年 7 月第 5 次印刷
定　　价 /	42.00 元

责任编辑 / 李秀梅
文案编辑 / 杜春英
责任校对 / 周瑞红
责任印制 / 王美丽

图书出现印装质量问题，请拨打售后服务热线，本社负责调换

新能源汽车已被国家列入七大战略新兴产业之一和《中国制造2025》十大重点优先发展的领域之一。习近平总书记指出，"发展新能源汽车是我国由汽车大国迈向汽车强国的必由之路"。国家《节能与新能源汽车产业发展规划（2012—2020年）》指出，汽车产业是国民经济的重要支柱产业，在国民经济和社会发展中发挥着重要作用。随着我国经济持续快速发展和城镇化进程加速推进，今后较长一段时期汽车需求量仍将保持增长势头，由此带来的能源紧张和环境污染问题将更加突出。加快培育和发展节能汽车与新能源汽车，既是有效缓解能源和环境压力，推动汽车产业可持续发展的紧迫任务，也是加快汽车产业转型升级、培育新的经济增长点和国际竞争优势的战略举措。

结合国际汽车产业发展趋势来看，大力发展以纯电动汽车、插电式混合动力汽车、燃料电池汽车等为代表的新能源汽车，不仅有助于解决我国汽车消费面临的能源、环保和噪声污染等问题，也是我国汽车产业实现由大变强的重要途径之一。在国家"863计划"等科技重大项目和节能与新能源汽车示范推广等扶持政策的大力支持和推动下，我国汽车企业纷纷加大新能源汽车产业化力度，新能源汽车关键零部件及相关技术取得重大进步，动力电池发展环境持续优化，驱动电机技术稳步提升，整车控制技术研发应用水平显著提升。

目前，我国新能源汽车研发体系已初步形成，2015年新能源汽车产销量跃居世界第一。自主研制开发出混合动力、插电式混合动力、纯电动和燃料电池汽车等各类整车产品，初步掌握了电动汽车整车设计、系统集成等关键技术，基本形成混合动力、纯电动和燃料电池新能源汽车动力系统技术平台和新能源汽车技术标准体系框架和测试评价能力，建立了新能源汽车的动力技术平台，形成了比较完整的关键零部件体系；自主开发的纯电动汽车在整车动力系统匹配与集成设计、整车控制方面，取得了突破性进展，接近国际先进水平。

本丛书汇集了近年来我国新能源汽车研究掌握的新技术、新理论等先进成果，充分体现了我国在新能源汽车领域所取得的卓越成绩。北京理工大学、同济大学、吉林大学、华南理工大学、北京信息科技大学、中国汽车技术研究中心、长安汽车工程研究院等国内从事相关领域研究的权威单位共同组建了本丛书的作者队伍，期望以此为新能源汽车领域专家和学者搭建学术交流平台，对提升我国新能源汽车的研发水平起到促进作用，也是出版界助力提升我国新能源汽车关键技术的重要成果。

本丛书以新能源汽车领域的研发与设计为主线，以纯电动汽车、插电式混合动力汽车以及燃料电池汽车为对象，围绕新能源汽车电池、电机、电控等关键技术的设计、仿真、优化和工程应用开展研究，汇集了我国近年来在纯电动车辆技术、混合动力驱动系统控制、混合动力耦合系统构型与装置、电动汽车整车控制优化、新能源车辆轻量化、燃料电池汽车建模等领域取得的重要理论及技术成果。其学术价值得到了国际专家学者的高度认可，其中《地面车辆混合驱动系统建模与控制优化》《混合动力耦合系统构型与耦合装置分析设计方法》已与德国 Springer 签署版权输出协议。

本丛书入选"十二五"和"十三五"国家重点出版物出版规划项目，其出版得到了中国汽车工程学会（SAE-CHINA）汽车工程图书出版专家委员会以及作者单位的领导、专家及工作人员的关心和大力支持，在此深表感谢！此外，书中难免存在不当之处，敬请读者批评指正！

孙逢春

译者的话

汽车工业的快速发展，为人类提供了方便、舒适、快捷的现代生活。但是，随着传统燃油汽车保有量的不断增加，引发了环境污染、石油资源短缺以及国家能源安全等问题。近年来，许多国家和汽车制造商都在研发新能源汽车，以减少对传统化石燃料的依赖。2006年2月9日国务院发布的《国家中长期科学和技术发展规划纲要（2006—2020年）》将新能源汽车列为优先主题。2015年5月8日，国务院正式印发了《中国制造2025》，将节能与新能源汽车作为大力推动的重点领域。2014年5月24日，习近平总书记在上海考察时强调，发展新能源汽车是中国从汽车大国迈向汽车强国的必由之路。截至2015年年底，我国新能源汽车累计产销近50万辆，成为全球最大的新能源汽车市场。伴随电动汽车的快速发展，动力电池需求量将急剧增加。

动力电池作为新能源汽车的核心部件，电池技术和电池产业受到了越来越多国家的重视，直接影响着电动汽车的动力性、经济性、安全性、耐久性和成本等。《新能源汽车动力电池技术》以与动力电池的安全和老化相关的问题为研究内容，涵盖了动力电池的安全、热失控、结构设计、建模、SOC估计和老化等方面研究的新理念和新方法，可以为动力电池研发提供参考，对电动汽车的推广普及具有重要意义。

原书由Springer出版社出版。第1章从ISO 26262整体系统安全性角度出发，详细阐述整体安全概念。第2章结合电池结构及电池在碰撞中的安全性要求，采用有限元法进行电池失效模式分析。第3章通过对热失控过程的测试，分析了不同正极材料对电池安全性的影响。第4章进行了电池机理建模与仿真，内容涵盖经验模型、等效电路模型、机理模型和大尺度模型。第5章从锂离子电池的电极、电解质和隔膜的老化分析对比入手，定量测量和分析了电池老化的影响因素。第6章建立了锂离子电池模型，进行参数灵敏度分析，应用马尔可夫链-蒙特卡罗采样方法完成贝叶斯模型反演，实现电池模型参数的估计。第7章为克服传统物理建模的困难，提出了基于数据驱动方法进行SOC估计的非线性观测器设计方法。

在本书翻译的过程中，一直得到北京理工大学电动车辆国家工程实验室主任孙逢春教授的热情鼓励与悉心指导，在此表示感谢。研究生方磊、孙国跃、郑阳、殷康胜、张骞、魏晓旭参加了本书的部分译稿整理工作，向他们表示感谢。此外，在本书的翻译和审阅过程中，清华大学田光宇教授、边明远高工，中国农业大学江发潮教授，中国科学院电子学研究所高鑫研究员，北京理工大学苏岳锋副教授，北京信息科技大学赵理博士等提出了修改意见或建议，在此对他们深表谢意。

感谢清华大学汽车安全与节能国家重点实验室开放基金（项目号：KF16032）的支持，感谢北京电动车辆协同创新中心、北京市教育委员会北京市属高等学校长城学者培养计划项目（项目号：CIT&TCD20130328）的支持。

由于译者水平有限，书中难免有翻译不当之处，恳请读者提出宝贵意见。

译 者

序

有关气候变迁和燃油经济性挑战的话题热度不减，而对该话题持续不断的讨论则促进了汽车工业更多地朝着纯电动驱动方向发展。从这个角度来说，电动化能否实现已不再是问题，问题在于何时能够实现，以及哪些应用技术会率先进入市场。世界范围内的环保法规均要求减少二氧化碳以及对排放进行限制，从根本上要求汽车电动化。另外，有两个例子可以看出消费者在面对电动汽车时态度的持续转变：特斯拉的纯电动汽车 Model S 已经取得的巨大成功和宝马汽车计划在 2013 年年底发布其纯电动汽车 i3。这两款汽车完全彰显了新的汽车技术特征，特别是全新开发的电驱动系统，预示着个人交通工具新时代的到来。

电池技术是决定上述发展趋势的关键因素之一，原因在于动力电池技术是电动汽车的核心，并在近几年取得了显著的提高。特别是高能量密度和功率密度的锂离子电池，目前已经成为插电式混合动力汽车（PHEV）和纯电动汽车（BEV）必不可少的配备，在降低成本、提高安全性、改善使用性能和可靠性等方面已经获得了巨大进步。例如，在未降低功率强度的前提下，电池的能量密度得到极大的提高。如今，18650 锂离子电池单体容量大于 3 Ah，已经应用在电动汽车上。同时，采用诸如新隔膜技术和/或改进化学成分（如 $LiFePO_4$），安全性明显提高。事实上，为确保电池免受外部危险事件（如过充、超高温和过流）的损害，电池管理系统也采取了许多措施。

然而，消费者对于汽车技术应用的观念理解和 20 多年的其他商业应用（如手机）中的经验表明，要让驾驶员完全拥护电力驱动及相关的电池技术，技术上仍有很多需要改进。成本需要进一步降低，锂离子电池的可靠性、耐久性和安全性也要提高。例如，就安全性而言，今后需更多地了解撞车时系统安全和抗滥用能力。诸如此类的技术进步要求对电池在正常和非正常条件（如误用或者碰撞情况）下电池的微观过程有更深入的理解。此外，必须开发出新的分析方法以求掌握锂离子电池单体内部的电化学反应过程，这将在准确地确定电池单体 SOC（荷电状态）基础上提高电动汽车剩余里程的预测精度。

通过锂离子电池技术建模现状的把握，本书有助于推动正在进行的电池研发工作。本书的目的在于催生在实际应用中提高电池使用的新思想。从长远来看，我们希望这本书可以孕育出技术本身的改进，从而有助于引导汽车技术走向下一个时代。尽管目前的锂离子电池适于在电动汽车上应用，但这类电池中正在进行着的物理和化学方面的改进也是显而易见的。直接影响着电动汽车的续驶里程和性能的能量密度和功率密度将得到显著提高；安全性和可靠性也将得到进一步改善；一旦电池产量达到汽车规模数量，其整个成本必将下降。发展的结果是，消费者对于电动汽车的接受度将会极大地提高，因为依靠内燃机的"马力"驱动的汽车将不如"千瓦（kW）"驱动的环境友好的电动汽车有吸引力。当上述各方面都有长足进步时，插电式混合动力电动汽车和纯电动汽车的时代才会真正到来。

Volker Hennige

2013 年 11 月于格拉茨

十年来，道路车辆的动力系统电动化已经在世界上至少进行了第二次尝试。除了电池这一电动化进程中的关键部件之外，所有其他部件也同样在进一步的研发中。所有的动力装置均有了长足的进步。从消费者的观点来看，功能强大的控制设备和半导体器件的结合正在提供不断完善的功能。

大多数的研究集中在电化学层面，能量密度有所提高，成本有所降低。然而，目前没有可用的电化学能量储存系统能够既满足当前驱动系统要求又满足相关的乘客舒适性要求。当然，把问题归于电池或者争论该技术能不能满足需要就太天真了。另一方面，我们可以看到社会上倾向于高效地使用能源，在交通领域的需求尤甚。因此，驱动系统的电动化趋势揭开了当今汽车概念的最根本缺陷。过去，高能量密度的化石燃料因其可利用性而孕育了汽车动力的革命。由于车载储能系统中的能量有限，公众越来越多地意识到现在汽车的低效率运行，而汽车工业正是抓住了对高效率需求的契机。

可预期的两大研发内容：

• 汽车上提高传动系统效率、舒适度（如 HVAC）和安全性。

• 就能量存储而言，提高能量密度：

- 化学层面上提高能量密度。

- 技术集成方面（如老化、安全性）将得到更深入掌握，并在汽车工业中应用于开发过程。

本书全面概述了后者（即集成）的研究现状。老化和安全性作为本书的两个主题，直接影响着能量储存系统的尺寸和应用。

书中有关安全部分

在第 1 章中，Martin 等全面阐述了安全标准的研究现状。尽管这一标准在 ISO 26262 中从整体系统安全性角度进行了定义，但是仍缺少重要的过程和方法。由于安全方面影响着成本，掌握不同安全措施对降低集成到汽车环境下的新产品（如电池系统）风险至关重要。

在第 2 章中，Trattnig 和 Leitgeb 总结了在碰撞/变形仿真中电池建模的挑战。目前，这一领域的挑战在于弥合电池微观结构和仿真可控需求之间的差距。问题在于，用简单的电池模型仍能为碰撞优化提供尽可能多汽车层面的全部必要信息。

在第 3 章中，Golubkov 和 Fuchs 专注于热失控过程。他们的团队目前正致力于掌握这一过程的基本的、与应用相关的信息。此过程的相关知识有助于创建电池系统仿真架构，该架构将可以预测整个电池内部甚至以整个汽车为整体的热失控蔓延过程。

书中有关老化部分

第 4 章中，Pichler 和 Cifrain 介绍了包含全部必要细节的电池单体电化学建模方法。主要挑战是设计出一个模型，应该包括在纳米尺度（如负极/正极上的孔隙率）上电池单体的物理特性，且需要保证在合理时间内输出满足要求的仿真结果。最后一步是应用条件（如驱动循环测试时）下优化电池单体的设计和技术，同时应包含主要的老化影响。物理过程的详细模型建立往往需要从物理测试中直接获得的实际数据。在第 5 章中，Weber 等阐述了定量分析锂离子电池老化的方法。实验室测试结果是上述模型必需的输入。由于复杂模型所用参数不能直接测量，在第 6 章中 Scharrer 等提出了参数优化的数学方法。他们使用并行自适应的马尔可夫链-蒙特卡罗法求解综合拟合问题，说明了这一方法的过程。

在第 7 章中，Hametner 和 Jakubek 为估计 SOC 提出了非线性观察器设计，这是一种基于数据的、与化学无关的方法。为了能量存储系统在预期寿命内可靠运行，掌握 SOC 是必需的，同时这也是与老化有关的关键因素之一。

在所有为提高电池系统安全性和生命周期的单个方法中，巨大的挑战之一在于这些部件安装到汽车上所带来的复杂性。汽车工业标准化程度很高，在质量和耐久性方面尤其如此，在这些领域进行的所有研究必须依据标准进行。在应用研究领域，满足这些高标准的关键在于把不同专业领域的知识加以结合。

这些结合可以产生高质量、实用性强的开发环境（建模、仿真工具、相应的试验和标准）。从这个角度来说，来自不同工业领域和研究机构的专家努力合作才是前进之路！

Alexander Thaler

Daniel Watzenig

2013 年 11 月于格拉茨

目录

第1章 车用电池系统的整体安全性考虑 / 1
- 1.1 研究背景 / 1
- 1.2 技术背景 / 3
  - 1.2.1 遵循 ISO 26262 标准的功能安全简介 / 3
  - 1.2.2 汽车电池系统的结构 / 4
- 1.3 汽车电池系统的安全措施分类与应用 / 6
  - 1.3.1 组织安全措施与技术安全措施 / 6
  - 1.3.2 电池系统单元中的安全措施应用 / 7
- 1.4 概念阶段非 E/E 措施的考虑 / 9
- 1.5 结论 / 14
- 致谢 / 15
- 参考文献 / 15

第2章 电池碰撞安全性的建模 / 17
- 2.1 引言 / 17
  - 2.1.1 动机 / 17
  - 2.1.2 电动汽车的特殊危险 / 18
  - 2.1.3 可行的电池设计方法 / 19
- 2.2 汽车电池设计 / 19
  - 2.2.1 电池模块和元件 / 19
  - 2.2.2 安全性相关的设计参数 / 21
- 2.3 考虑电池的汽车结构设计过程 / 22
  - 2.3.1 标准方法和要求 / 22
  - 2.3.2 电池的碰撞测试和碰撞仿真 / 23
- 2.4 电池的有限元模型 / 23
  - 2.4.1 机械变形建模 / 24
  - 2.4.2 材料和连接点失效的建模 / 26
  - 2.4.3 电接触和泄漏的建模 / 28
- 2.5 结论 / 29
- 致谢 / 30
- 参考文献 / 30

第3章 热失控：单体电池的热失控成因和影响 / 33
- 3.1 引言 / 33

3.2 实验 / 34
　3.2.1 实验台简介 / 34
　3.2.2 测试方法 / 35
　3.2.3 气体分析 / 35
　3.2.4 单体成分辨识 / 36
　3.2.5 锂离子电池单体 / 36
　3.2.6 电学特性 / 38
3.3 结果和讨论 / 39
　3.3.1 热失控的典型过程 / 39
　3.3.2 热失控试验 / 41
　3.3.3 气体分析 / 44
3.4 结论 / 44
致谢 / 45
参考文献 / 45

第4章 与应用相关的电池建模：从经验建模到机理建模方法 / 48

4.1 引言 / 48
4.2 经验模型 / 49
4.3 等效电路模型 / 50
4.4 机理模型 / 52
　4.4.1 电荷转移 / 53
　4.4.2 离子转移 / 54
　4.4.3 电子转移 / 55
　4.4.4 多孔电极 / 55
　4.4.5 嵌入 / 55
　4.4.6 生热 / 57
　4.4.7 电池老化 / 57
4.5 大尺度建模 / 57
　4.5.1 热特性 / 58
　4.5.2 电特性 / 60
　4.5.3 分布式微结构建模 / 61
致谢 / 61
参考文献 / 62

第5章 锂离子电池老化研究分析方法 / 63

- 5.1 引言 / 63
  - 5.1.1 锂离子电池的工作原理 / 63
  - 5.1.2 锂离子电池的老化 / 64
  - 5.1.3 锂离子电池研究 / 66
- 5.2 电池材料的提取 / 67
  - 5.2.1 打开电池 / 67
  - 5.2.2 电解质的提取 / 67
  - 5.2.3 电极取样 / 68
- 5.3 电极的分析 / 69
  - 5.3.1 X射线光谱（XPS）/ 69
  - 5.3.2 扫描电子显微镜（SEM）和能量色散X射线光谱仪（EDX）/ 69
  - 5.3.3 元素分析（ICP，TXRF）/ 71
  - 5.3.4 拉曼光谱 / 71
- 5.4 隔膜分析 / 71
- 5.5 电解质的老化 / 72
  - 5.5.1 气相色谱仪（GC）/ 72
  - 5.5.2 离子色谱法（IC）/ 73
  - 5.5.3 电感耦合等离子体发射光谱仪（ICP-OES）/全反射X射线荧光分析（TXRF）/ 74
- 5.6 商用电解质的分解途径 / 74
- 5.7 定量测量 / 75
- 致谢 / 76
- 参考文献 / 76

第6章 锂离子电池参数估计的贝叶斯推论 / 80

- 6.1 简介 / 82
- 6.2 反问题：变无形为有形 / 83
  - 6.2.1 简介 / 83
  - 6.2.2 确定性方法：线性和线性化模型 / 84
  - 6.2.3 贝叶斯方法 / 86
  - 6.2.4 马尔可夫链-蒙特卡罗方法（MCMC方法）/ 86
- 6.3 锂离子电池单体模型 / 89

6.4　参数的灵敏度／91
6.5　基于 MCMC 方法的统计反演／92
　　6.5.1　数据和先验分布／92
　　6.5.2　后验采样／93
　　6.5.3　参数的后变性／94
　　6.5.4　统计效率／97
　　6.5.5　计算效率的说明／98
6.6　结论／98
致谢／99
参考文献／99

第7章　数据驱动方法设计电池 SOC 观测器／100

7.1　引言／100
7.2　数据驱动校准工作流程／101
7.3　荷电状态观测器设计／102
　　7.3.1　试验设计／102
　　7.3.2　数据驱动的电池建模／104
　　7.3.3　非线性观测器设计／107
7.4　结论／110
致谢／110
参考文献／111

第 1 章

车用电池系统的整体安全性考虑

Helmut Martin, Andrea Leitner, Bernhard Winkler

摘要： 系统安全工程的目标是开发一个没有不合理风险的系统。因此，必须分析电气/电子（E/E）系统对人可能造成潜在伤害的风险，并在系统开发的早期采取恰当的措施降低风险。这需要不同工程领域间的密切合作，以便详细、全面地描述降低及缓解风险的措施，即安全概念。在开发 3.5 t 以下级别道路车辆的 E/E 系统时，必须参照国际功能安全标准 ISO 26262。此标准重点规定了相关 E/E 系统措施，也考虑了安全概念中具体指出的非 E/E 系统措施。而本章中提出了一个工作流程，该流程详细阐述了包括不同工程领域的安全措施的整体安全概念。其中主要的经验是：在系统开发的概念阶段就考虑降低风险的各种措施，可提高对系统整体安全性的理解，也利于采用各领域的专业知识进行清晰的安全概念开发。这种方法不但改善了整个系统开发的结果，同时也可以满足 ISO 26262 中关于 E/E 系统开发的要求。通过一个车用电池系统开发的案例研究，对本章所提方法的适用性进行了验证，为了降低 E/E 系统开发的成本，必须将各安全措施对汽车安全完整性等级（ASIL）确定中的影响考虑在内。

1.1 研究背景

纯电动汽车（EVs）或混合动力电动汽车（HEVs）正在变得越来越重要，高压（HV）电池系统是其中的核心部分[8]。纯电动汽车具有 E/E 系统能量效率高及使用地（局部）零污染的优点，其主要缺点在于和传统内燃机汽车相比差距甚大的续驶里程。传统汽车使用的化石燃料具有较高的能量密度，因而车辆具有良好的动力性和更长的续驶里程。混合动力电动汽车则集二者的优势于一身。对于在混合动力电动汽车上使用的电池而言，其主要目标是低成本、高功率密度（如 1 200 W/kg）、长循环使用寿命（如 200 000 次充电/放电循环）、长可用寿命（如 9 年）以及高安全性。随着汽车电动化重要性的日益提高，汽车用电池系统也变得越来越重要。量产车上已经采用了高功率（混合动力电动汽车，为了提供更大的动态驱动转矩，功率高达 250 kW）和高能量（如尼桑 Leaf，36 kWh 以保证更长的续驶里程）的电池系统。电池尺寸的减小及功率、能量的增大，导致电池系统发生故障时产生危险后果的可能性增大。

本章着重于安全性的研究，尤其是至关重要的纯电动汽车和混合动力电动汽车上的电池安全性。至于功能安全性（E/E 系统的安全性），IEC 61508[①][3]作为基本的国际功能安全标准，适用于所有的工业领域。ISO 26262[4]为此标准的改编版，适用于汽车领域中有关 E/E 系统安全性的开发。功能安全性的一个重要方面是电子故障的潜在风险，如错误输入或软件错误引起的电池控制单元故障。这些故障可能引起危险事件，伤及乘客、其他交通参与者以及非涉事方（如因过充引起的火灾）。通过分析可能的故障、故障原因及其影响，并提出弱化故障的方案，来降低发生故障的可能性。

尤为重要的是，汽车电动化需要不同学科间的高度交叉，其中风险降低也来源于不同的技术学科（如机械学、化学），这意味着系统安全同样包含不同学科的安全要求（即功能性、电气、机械和化学的安全要求）。例如，对电气安全而言，可以通过断开电路或电流隔离的方式进行危险电压的防护；机械安全的目标是通过使用诸如单体外壳或选择合适的安装位置的方式防止电池在事故中变形；化学安全可以通过使用机械通风口排出有毒气体来防止爆炸或火灾。所有这些措施均在安全系统的开发中有所应用。

虽然功能安全是系统安全工程中最重要的组成部分之一，但其他安全措施同样不可忽视。本章主要讨论一些诸如电池单体、电池组和电池包等不同概念级别下车用高压电池系统的安全性问题。

本章结构编排如下：1.2.1 节遵循 ISO 26262，首先介绍了安全生命周期；1.2.2 节介绍了技术背景，包括电池系统的基本结构、不同概念级别下的潜在风险以及弱化风险措施；在 1.3 节中，为更好地理解安全措施，对其进行了分类；1.4 节介绍了改进的工作流程，该流程可以降低汽车安全完整性水平（ASIL）的要求，并且通过非 E/E 措施的定义可以降低电子系统的开发成本；

---

① IEC 61508——电气/电子/可编程电子安全相关系统的功能安全。

1.5 节总结了当前的安全性工作并阐述了其发展前景。

1.2 技术背景

本节主要介绍汽车系统中的功能安全。此外,还阐述了高压电池系统的架构,包括来自不同工程学科的一些基本安全措施。

1.2.1 遵循 ISO 26262 标准的功能安全简介

ISO 26262 围绕概念设计、产品开发、生产制造、运行、服务以及报废等主要安全活动规定了产品安全生命周期标准,如图 1.1 所示。

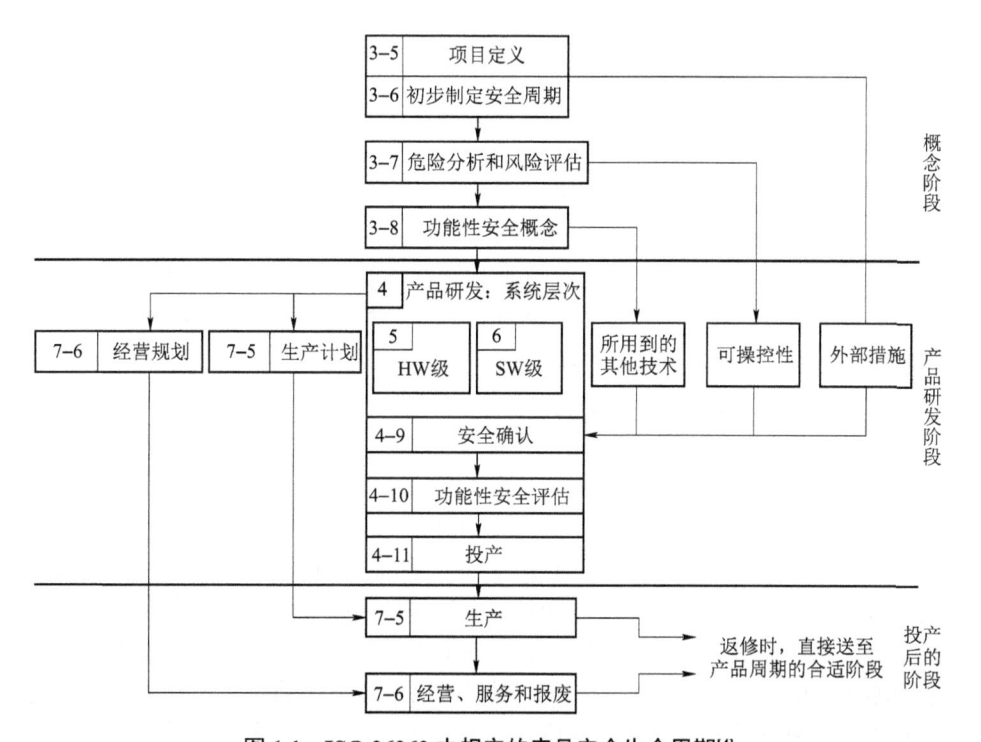

图 1.1 ISO 26262 中规定的产品安全生命周期[4]

图 1.1 展示了产品安全生命周期,强调了产品开发中的概念阶段和其他相关部分内容。概念阶段首先对系统(本书中称为项目)进行定义,其次进行危险分析和风险评估(HA&RA),其中需根据 ISO 26262 中特定风险评估标准(如严重程度、发生的可能性和可控制性)对确认的危险事件进行评估。当前的风险分析技术可按照系统的层次结构分为自底向上(如 FMEA,故障模式和效应分析——译者注)和自上而下(如 FTA,故障树分析——译者注)

两类方法。另外，进行危险分析时，最重要的也是经常被引用的技术是初步危害分析[1,6]、概念故障模式和效应分析（Con-FMEA）[2]以及危险和可操作性研究（HAZOP）[5]。通过风险分析，我们把电池系统的主要危害分为着火/爆炸、有毒气体泄漏、电池模块/包的危险电压（$U>60$ V DC）、电池单体内有毒物质（腐蚀性/毒性物质（如氢氟酸））的泄漏/排放、火灾（如易燃物引起）和爆炸（如电池单体安全排放口的损坏导致）。

　　风险评估的结果决定了 ASIL 等级值，它表明特定失效模式[①]发生的风险及避免其发生的必要程度。ASIL 取值范围为从 ASIL A（最安全）到 ASIL D（最危险）[②]。根据得到的 ASIL 等级值，ISO 26262 推荐了满足要求的方法——产品研发阶段越高的 ASIL 等级就需要付出越大的努力和越高的成本。

　　基于 HA&RA 的结果，可以为每个危险事件定义安全目标[③]，并分配给相应的 ASIL 值。概念阶段的最终任务是将功能性安全概念细化，即定义安全措施，而且这些安全措施必须在系统设计和开发中得以实现，以避免出现不合理的剩余风险。安全措施作为技术解决方案，要避免、控制或减轻因系统故障以及偶然的硬件故障带来的不良影响。这些技术解决方案通过（i）E/E 措施（如 E/E 系统中的传感器→控制器→执行机构），（ii）外部措施（如采取措施来弥补技术缺陷）或（iii）其他技术（其他技术领域的解决方案，如机械系统的故障备份方案）得到执行，以检测故障或控制失效模式，从而使系统达到或保持安全状态[④]。

1.2.2　汽车电池系统的结构

　　图 1.2 所示为一个高压锂离子电池系统的结构。该图主要由以下几部分组成，其中已经包含或提供了基本的安全措施：

- 电池管理单元（BMU）：BMU 的主要功能是电气和热管理、诊断功能、绝缘监测以及与车辆的其他部分通信。电气管理包括充电均衡、充电状态确定和系统信息的提供，如系统电压、系统电流或者为实现车辆控制功能的实时功率预测（充电/放电）。热管理用于监测和评估电池系统的温度。断路监测、充电监测和故障记录表现为不同的诊断功能。电池系统的绝缘监测系统则起到电池系统和车辆之间的协调作用。
- 高压断路：高压断路的主要功能是将电池系统从车辆高压电路断开，并在车辆失控、事故和发生严重安全故障时使电池与车辆间电流隔离。高压断路

---

① 失效模式＝一个元件或项目失效的方式[4]。
② 好的 QM（质量管理）并不要求与 ISO 26262 兼容。
③ 安全目标表示最高等级的安全要求。
④ 安全状态＝没有不合理系统级风险时项目的运行模式[4]。

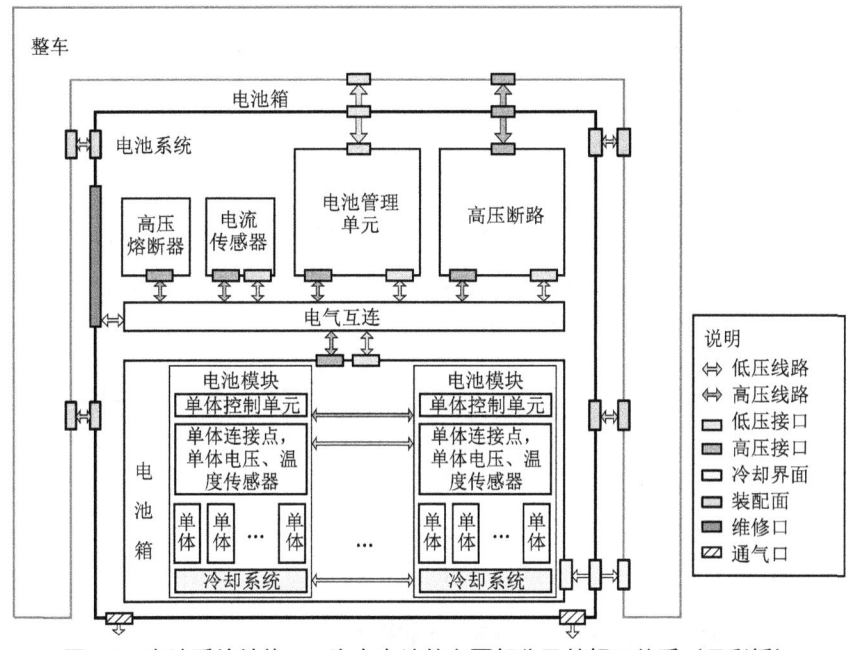

图 1.2 电池系统结构——汽车电池的主要部分及其相互关系（见彩插）

包括正负高压端子的特殊高压接触器。为了启动系统，正负端子都必须有一个特定预充电电路来实现其与车辆高压电路的软连接。一旦出现过流，必须实施紧急关机策略，这是因为接触器在超过预期寿命的载荷下，只能保证有限的开关周期数。

- 高压熔断器：在过流的情况下，高压熔断器从车辆的高压电路中断开电池系统。由于过流会使高压熔断器产生大量的热，它必须与其他组件热分离（尤其是电池单体），以防止热击穿。
- 电流传感器：电流传感器测量整车高压电路的电流。测量的电流值不仅作为 BMU 荷电状态判断的输入，而且也是电池单体热管理的输入。每个电池都有一个特定的充放电电流范围，在该电流范围内，可实现特定精度的电流测量。如果电流值低于或高于允许的范围值，就要通过高压断路和高压熔断器的协同动作启动特殊的断开策略。
- 电气互连：包括电池包与电池系统中有关的 E/E 部分之间的各种低压连接（包括通信部分的低压线）和高压连接。
- 电池包：电池包由串联和/或并联的电池模块以及电池模块互连装置构成。
- 电池模块由串联和/或并联的电池单体以及电池单体管理单元（CMU）组成。CMU 负责单体充电均衡、电池单体电压测量和温度测量、不同电池模块中 CMU 的通信以及 CMU 和 BMU 间的通信。电池模块中也包含大量的冗余温度传感器来检测临界温度的区域。这些传感器将信息传递给热管理模块，以防止电池系统达到临界温度。

— 电池模块互连装置包括电池模块之间的所有电气、机械、热连接。

● 电池箱和外部接口：电池箱的主要功用是保护电池系统不受外部环境的影响，也用于保护驾驶员免受电池系统任何意想不到的反应伤害，同时可以防止人触电。此外，电池箱把电池系统和车辆联系起来。电池箱设置了低压（包括通信）接口、高压接口和冷却接口。电池箱设有通气口（排气管理系统），以防电池系统产生过压。为了对电池系统进行保养和维修，电池箱上应设有维修口。机械安装接口把电池和汽车车身连接在一起。

1.3　汽车电池系统的安全措施分类与应用

如前所述，为满足更全面的安全概念，有必要考虑不同种类的安全措施。其中一些安全措施是为了满足客户要求，而其他的是额外的安全原因所需。本节中，我们将安全措施分为组织安全措施和技术安全措施两类，并举例说明。

1.3.1　组织安全措施与技术安全措施

本部分将安全措施分成两个主要类别：

● 组织安全措施［ORGA］包括：

安全兼容性开发过程：公司开发产品的具体过程必须包括确定相关的安全标准的项目（如过程审核应由外部机构实施）。

检查/检验/确认：工作产品的安全情况必须由第三方独立[①]机构检测。

用户安全手册：产品的手册和指南必须简明易懂，并最好使用终端用户的母语来说明。

警告标签和标志：标明可能对人造成潜在伤害的系统危险部分（如电池箱的通气口）。

培训：必须告知/培训终端用户如何正确使用产品（如在电池系统故障时驾驶员如何正确处置）。对于发生事故时的急救人员也应进行相关的安全培训，确保他们可以在保证自身安全的同时对受伤人员正确施救。

运输/储存规定：必须为电池单体专用的特定运输、储存方案制定测试和标准（UN/ADR标准，如UN38.3[10]）。

维护周期：产品报废前，必须有不同的安全措施保证产品的正常功能。产品的维护、修理和报废也必须在标准中定义。

● 技术安全措施包括：

---

① 独立的程度取决于在概念阶段定义的整体安全等级。

第1章 车用电池系统的整体安全性考虑

功能安全[FUSA]：必须有充分的 E/E 安全措施（如电池的过充保护检测，电池与任何外部电源连接的断开装置）来避免、缓解或者处理电池系统的潜在故障。这种安全措施在标准 ISO 26262 中有明确的规定。相反，下面的技术安全措施称为外部措施或者其他技术措施。

化学类[CHEM]：必须降低任一种有毒化学物质（如化学防护材料、单体化学物质）以及减轻任何危险的电池单体反应的影响。

热类[THER]：减少热能（如电池单体的冷却）。

电类[ELEC]：避免用户触碰危险电压（如电气绝缘）。

机械[MECH]：机械结构应尽量防止或缓解外部引起的损害。

1.3.2 电池系统单元中的安全措施应用

对安全系统（见图 1.2）的研发和生产而言，不同工程学科间的结合以及选取适当细化程度的安全性研究同样重要。本节讨论汽车电池系统的不同单元组合级别。本节的研究从最简单的级别（即电池单体）开始到最高级别（即整车的电池集成）结束，将电池系统分为不同的单元，并提供安全措施的例子。

四级：电池单体（BatCel）

这一级别集中在有关电池单体的设计与结构、电池箱、可能的通气口、电池单体在电池系统整个生命周期的状态等方面。

安全措施示例：

- [ORGA] 电池单体的生产过程——建立电池单体生产质量过程，以避免在生产过程中出现任何污染。
- [CHEM] 电池单体的结构——选择电池中的化学组件（如正极、电解液的添加成分）。
- [MECH] 充电中断装置——在电池单体内部的机械结构。在任何导致电池单体内部压力超过限定值的激活因素出现时即被触发，将永久性地切断电池单体与电路的连接。
- [MECH] + [THERM] 热管理——必要的电池单体的冷却和加热。
- [ORGA] + [MECH] + [CHEM] 排气管理——一旦电池单体出现问题，每个电池单体都应有设计好的机械通风口。

三级：电池模块（BatMod）

电池模块级涵盖了不同的电池单体接口的各种安全措施，以建立一个电池堆。封装在电池模块中的电池单体有一个争议，就是在维护期间是否可以替换模块。

安全措施示例：

- [MECH] + [THERM] 使用专门用于吸收电池模块中热量的材料（用

于增加电池模块的热容量)。

●［MECH］+［THERM］热管理——必要时对电池单体冷却和加热。

●［ORGA］+［MECH］+［CHEM］气体排放管理——一旦一个单体出问题，每个电池模块都应有设计好的机械通风口。

●［FUSA］电池单体均衡监测——如果检测到故障（如过充电），转换到安全状态。

二级：电池包（BatPack）

电池包涉及所有模块以及提供模块间的电、热、机械连接。

安全措施示例：

●［MECH］+［THERM］热管理——必要时进行电池单体冷却和加热。

●［ORGA］+［MECH］+［CHEM］ 排气管理——电池包把每个电池模块中的排气通道连在一起，并引导至电池系统。

一级：电池系统

电池系统包含电池包、电池箱、BMU 和其他相关组件。BMU 内部协调电池所有部分，并在整车级别上提供与 E/E 系统的接口。因此，电池系统负责检测来自外部系统的错误并减缓其影响。

安全措施示例：

●［ORGA］+［MECH］+［CHEM］+［THERM］灭火器入口——电池系统应有一个入口以便消防人员可以阻止火势蔓延，并冷却电池。

●［ORGA］+［MECH］+［CHEM］ 排气管理——电池系统应在电池箱上为整车设置排气口。

●［FUSA］BMU 作为 E/E 系统负责诸如监测电池单体故障——如果 BMU 检测到单体故障，就会触发几个动作：断开电池、增加电池冷却、通信发布严重的电池故障。

零级：车辆级别（电池系统目标集成）

在整车级别上，必须明确定义电池系统正常运行的先决条件。电池系统供应商必须给出电池系统可正常使用的条件，这些条件必须记录并考虑实用性。必须在车辆上采用恰当的安全措施以防止电池故障。

安全措施示例：

●［ORGA］+［MECH］+［CHEM］+［THERM］灭火器入口——电池系统应提供一个入口以便消防人员接近。

●［MECH］+［THERM］热管理——按电池系统要求对电池单体进行冷却和加热。

●［ORGA］+［MECH］+［CHEM］排气管理——汽车必须有足够的排气口，以便在单体故障时排出气体。

● [FUSA]操作策略——车辆需要管理动力系统的驾驶策略,并通过整车安全概念避免严重情况的出现(如过充电、过热)。

● [FUSA]告警概念——在汽车上及汽车周边的人应通过视觉和听觉信号得到警示信息。

图 1.3 表示过充电故障的例子,包含可能的安全措施概况,在图上标示了电池系统实体以及不同的安全规程。

故障 过充电 安全措施	安全规程					等级			
	化学	热量	电气	机械	FUSA	ORGA	单体	模块	电池箱	电池系统	整车电子系统
排气管理	×			×		×	×	×	×	×
单体电压检测			×		×				×	
充电断路装置(CID)			×						×	
单体均衡监测	×	×		×			×		×	
热管理		×		×		×	×	×	×	
单体内部结构	×	×	×				×			
报警传感器与人的正确应对					×	×			×	×

(译者注:×表示发生故障及采取的相应措施)

图 1.3 电池级别过充电故障的安全措施和安全规程示例

1.4 概念阶段非 E/E 措施的考虑

截至目前,可以看出功能性安全只是在安全的汽车系统开发中必须考虑的一个方面。本节我们将介绍参照 ISO 26262 中安全工作流程的一个修订版本,主要由三项组成。下面,我们以高压锂离子电池为例详细说明工作流程中主要的三项和提出的修改部分。这项工作是一个内部项目完成的,这个工作流程曾在 SEAA2013[7]上发表过。

修改工作流程的主要目的在于,在研发早期全面研究不同学科的安全措施。这意味着非 E/E 措施已经在概念阶段中加以考虑,而原工作流程将它们视为后期附加的措施。

如图 1.4 所示,这里主要考虑三项内容:项目定义;危险分析和风险评估;功能安全概念。下面将介绍这些项目以及新引入的迭代环。

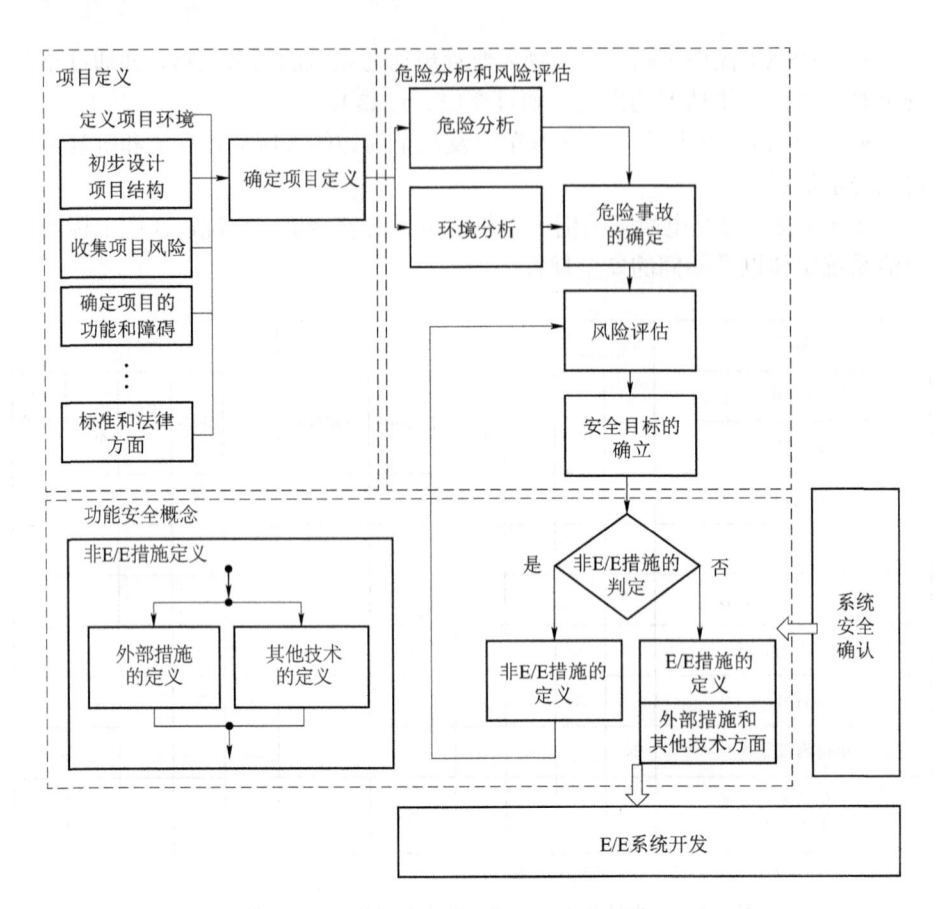

图 1.4 按照 ISO 26262 概念阶段的工作流程,包括项目定义、危险分析和风险评估及功能安全概念。注意这个图中没有体现可控制性参数证明,可控制性参数将在安全验证中使用

1. 项目（系统）定义。作为在概念阶段的第一项工作,从项目（系统）的定义开始——系统、整车级别上的系统功能以及与其他项目的界限。本项中的示例为危险电压（高压）的锂离子电池。该电池用在插电式混合动力汽车上,容量为 24 Ah。锂离子电池的潜在风险为危险电压（U>60 V DC）、泄漏/排气（腐蚀性/有毒、易燃、易爆物质）、着火和爆炸。

首先,需要收集和分析所有与项目有关且有效的数据（如之前的同类项目、客户需求、现状、市场分析等）。锂离子电池的危害和使用评估报告[9]很好地总结了可能的危害、失效模式和风险评估、美国市场上使用标准以及防火保护方法。

另外,还需进一步在标准和法规方面指定非功能性的要求。在基本项目中,我们审核了一系列的标准（如 ISO 26262 中有关汽车电子/电气系统部分以及

ECE R100[①]中有关纯电动汽车部分）。基于审核结果，我们初步设计了一个架构来更好地理解各部分之间的相互关系，也能区分功能和故障。从其他同类项目和先前经验中获得的已知风险也用以检验和完善我们的设计，这一步是下面所有安全项目的基础。

2. 危险分析和风险评估开始于状况和可能的危险分析，利用初步的危险分析经验来识别。后续的状况分析旨在识别所有的驾驶工况，并综合可能引起事故的危险因素。驾驶工况应包含所有合理的操作、环境和天气因素的组合。危害分析的目标是从系统顶层上识别潜在危险。

我们使用 ISO 26262 推荐的一种系统化方法 Con-FMEA（译者注：概念故障模式和效应分析）来识别高压电池系统中的潜在风险。如图 1.5 所示，这种方法为可追溯性、检验危害分析的完整性以及在接下来的开发阶段中将 Con-FMEA 扩展到其他 FMEA 提供了保证。这意味着 Con-FMEA 中失效模式的原因形成了系统 FMEA 的新失效模式。已知危险和各开发阶段中不同级别的各种失效组成了一个完整的失效网，这个失效网是在 FMEA 中一步步细化的结果，也支持故障传播预测和可追溯。

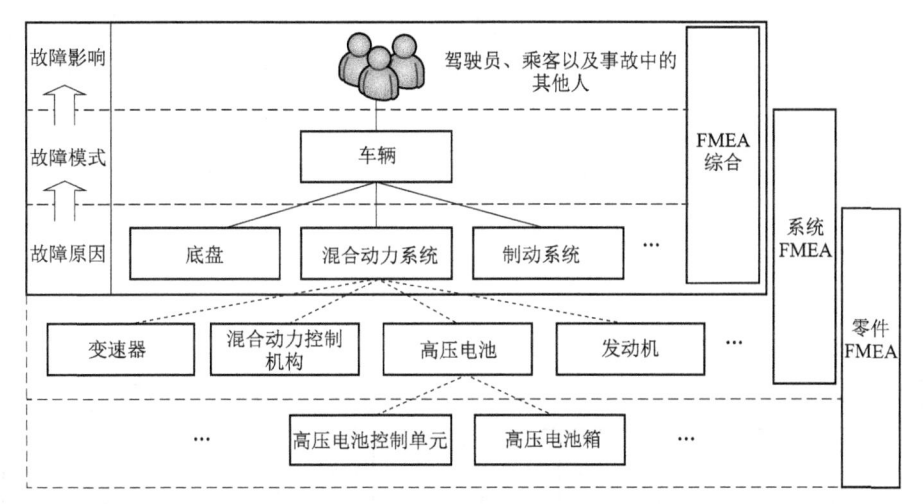

图1.5 FMEAs 在不同发展级别里的应用

在我们的示例中，风险和状况分析形成了 640 个危险事件。通过对操作、环境和气候因素的可能组合进行分段组合及过滤后，这些危险事件就得以明确了。最终各个组合的合理性要进行检验。因此，我们确定了 121 个潜在的危险事件，并根据风险评估参数的严重程度（S）[S0 … S4]、暴露程度（E）[E0 … E4]以及可控程度（C）[C0 … C3] 对这些危险事件进行了评估。如果这些参数中

---

① ECE R100——关于电驱动系统的特殊要求对车辆认证的统一规定。

任意一个可导致"S=0 或 E=0 或 C=0",则表明不必进行安全开发——QM(质量管理)级别就已经足够高。作为 ASIL 评级的决定因素,每个分类的基本原理都需要根据 ISO 26262 的风险表做恰当的记录(见表 1.1)。

最终,必须依靠危险事件和风险的评估结果,对安全目标进行详细说明。下面列出了车辆处于未工作状态时危险事件的典型分类。

- 危险事件:停车时,因内部电池单体故障引发的火灾(系统处于未工作状态)。
- 处在风险中的个人:在车辆周围的人(假设停车时车中无人)。
- 可能的危害:电池单体的燃烧可能会产生热烟气并引发烟雾污染,并有可能导致严重烧伤。
- 感官上:难闻的气味、可见烟雾。
- 严重程度:S2—严重的伤害可能性(可能威胁生命、危及生存)。
- 暴露程度:E4—车辆每天都将在停车场停很长时间。
- 可控程度:C3—通常不足 90%的驾驶员或其他交通参与者能或者勉强能避免伤害。

此处面临的一个主要挑战是 PHEV 的 E/E 系统在停车时不起作用。对于这一特定情况,只借助于 E/E 安全措施不可能达到安全目标,因为这些措施主要是在运行模式下减轻危险状况。

表 1.1 按照 ISO 26262 [第三部分] 的 ASIL 评级风险

严重程度级别	可靠性级别	可控程度级别		
		C1	C2	C3
S1	E1	QM	QM	QM
	E2	QM	QM	QM
	E3	QM	QM	A
	E4	QM	A	B
S2	E1	QM	QM	QM
	E2	QM	QM	A
	E3	QM	A	B
	E4	A	B	C
S3	E1	QM	QM	A
	E2	QM	A	B
	E3	A	B	C
	E4	B	C	D

第1章　车用电池系统的整体安全性考虑

根据 ISO 26262 中的风险表（见表 1.1），我们为四个典型危险事故推导出所要求的 ASIL：严重程度 S2，暴露程度 E4，可控制程度 C3→ASIL C。

最后一步是安全目标的确定，例如"避免或/和缓解因电池单体内部故障引起的危险"情况下，目标安全状态就是"车辆外部不能出现明火"。

3. 功能安全概念（FSC）描述了衍生的安全措施（见图 1.6），这些措施可实现安全目标。按照 ISO 26262 可将安全措施分为三类（E/E 措施、其他技术措施和外部措施）。在尽量降低 ASIL 要求的情况下，达到安全目标要求的一个可行方法就是考虑使用非 E/E 措施。我们修订的工作流程引入了额外决策，就是考虑是否采用非 E/E 措施达到安全目标。如果是这样，我们将认同其他学科（如机械工程）的专家支持的非 E/E 安全措施。而这些需要在开发初期完成，因为需要依靠专业知识、外部措施以及其他技术措施进行详细阐述和考虑。另一项用于高压电池安全措施的例子就是电池箱使用防火材料，外部措施是在停车场设置火情探测器。所有的安全措施都应引入 FSC 中作为功能安全要求，而功能安全要求与功能安全架构中的相应单元有关。确定的 E/E 措施的主要单元包括传感器、处理器和执行机构。FSC 中应含有一个安全事件链，从重要信号的检测（传感器）到处理过程和正确的安全操作指令（处理器），最终对特定危险事件在最高级别的安全目标中达成安全状态的执行（执行机构）。

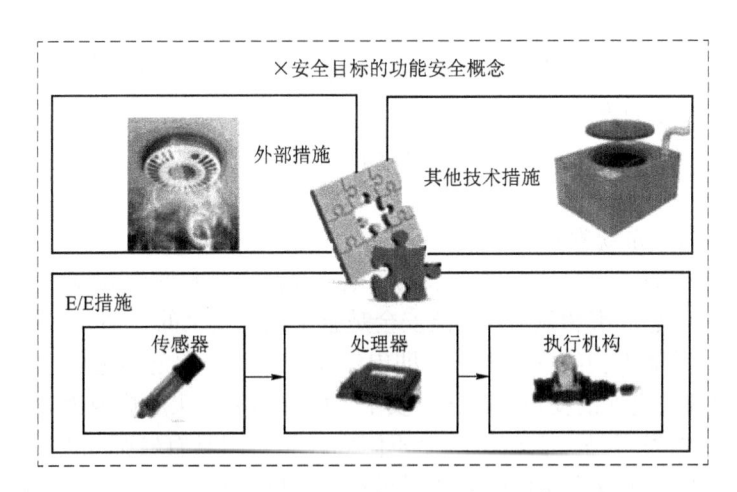

图 1.6　包括三种安全措施的功能安全概念的原理

4. 迭代优化的步骤包含功能安全概念的更新：应用不同的安全措施后，我们引入一个反馈步骤重新对新条件进行风险评估。以下措施为高压电池的应用示例：

（1）外部措施：在停车场必须安装火灾探测单元和灭火器。
（2）其他技术措施：电池系统采用防火的电池箱。

引入的措施使得风险评估改变如下：
- 严重程度：S1—可能会有轻度或中度损伤（没有生命危险）。
- 新 S 的理由：电池箱体的机械结构使用特殊的防火材料将降低危害的程度。
- 可控程度：C2—90%以上的驾驶员或其他交通参与者通常能够避免伤害。
- 新 C 的理由：人们将听到火灾探测器的警告声音信号，并有一个灭火器用于灭火；同时，一旦着火即向消防队报警。

这导致新的危险事件评级结果为 ASIL A。把 ASIL 级别从 C 降至 A 意味着 E/E 安全措施涉及的风险已经比较低，因此可以减少不太复杂的 E/E 措施和降低开发工作的难度。

最后一步是功能安全概念的更新。对降低风险所引入的每一项功能安全措施应满足功能安全要求，而功能安全要求映射到功能安全架构的单元中。图 1.6 中介绍了功能安全的主要部分。

1.5 结 论

本节总结了我们根据 ISO 26262 标准做的用于电动汽车或混合动力电动汽车中高压电池的功能安全的调查研究，并提出了一种通过应用非 E/E 措施迭代测定所需 ASIL 的方法。我们注意到，通常在概念阶段的早期考虑外部措施或者其他技术措施有助于安全，不同观点的不同工程学科结合有助于提高整个系统的安全。

功能安全⊆系统安全

这项工作的一个主要发现在于汽车电动化是多学科间的高度综合，而不同技术学科会引起危害和风险。功能安全是整个系统安全的一部分。明确了书中一些相关的其他类型的安全要求，即电气安全（如考虑危险电压）、机械安全（如发生事故时电池的变形）和化学安全（如有助于防止爆炸或火灾）。这个项目的一个主要发现是，在概念阶段不同安全学科间具有较强相互作用的重要性，这要求用组织安全文化的方式促进不同学科间的合作。并不是所有危险事件都仅通过 E/E 的安全措施得以解决，为实现安全的系统状态，其他技术或外部措施同样重要。

跨文化方面

与其他部门讨论的结果是得到一个更全面、跨学科的系统和对安全的理解。它也揭示了每个团队如何为系统的安全做出贡献。在项目的早期阶段，讨论无疑促进了不同团队之间的互动。然而，不可忽视的是，不同的视角通常有不同的意见，甚至是矛盾的意见。就特定的系统或安全观点而言，所有的意见都是正确的。如果没有明确的界定，这可能导致无休止的争论。

这里可以提供一个关于系统安全状态定义的讨论实例。充电是电池的一个通用功能。过充电时，负责电气安全的工程师定义保护性安全状态，确保在这类情况出现时电气系统切断高压电池与车辆高压电路的连接，这将导致车辆出现未知的运行状况。功能安全团队必须考虑任何可能的驾驶状态，意想不到的高压能量损失可能会导致严重的后果。而这种情况也许恰巧发生在乡间道路上超车时，驱动力矩的大幅度降低会使驾驶员或其他交通参与者处于危险境地。

功能安全的范围

从整体安全性的视角出发，不同危险的后果往往很难界定。有时危险并不是由 E/E 系统故障直接造成的，而是 E/E 系统故障的间接结果。就纯电动汽车或混合动力电动汽车的例子而言，不能明确界定高压电池是否应该被认为是唯一一个 E/E 系统。

致谢

作者非常感谢由奥地利联邦交通、创新和技术部（BMVIT），奥地利联邦经济、家庭和青年部（BMWFJ），奥地利研究促进署（FFG），施蒂里亚州及施蒂里亚商业促进局（SFG）等机构发起的"COMET K2—奥地利卓越技术能力中心计划"提供的资金资助。

参考文献

1. Clifton AE et al (2005) Hazard analysis techniques for system safety. Wiley.com, New York
2. Ford Motor Company (2004) FMEA Handbook Version 4.1
3. IEC 61508 (2010) Functional safety of electrical/electronic/programmable electronic safety-related systems, 2nd edn. International Electro technical Commission, Geneva
4. ISO 26262 (2011) Road vehicles-Functional safety International Standard, parts 1–10. ISO copyright office
5. Leveson N (ed) (1995) Safeware system safety and computers. Addison-Wesley Publishing Company Inc, New York
6. Mader R et al (2011) A Computer-Aided approach to preliminary hazard analysis for automotive embedded systems. In: 18th IEEE international conference and workshops on engineering of computer based systems (ECBS)

7. Martin H et al (2013) Investigation of the influence of non-E/E safety measures for the ASIL determination. In: 39th EUROMICRO conference on software engineering and advanced applications (SEAA)
8. Mehrdad E et al (2011) Modern Electric, Hybrid Electric, and Fuel Cell Vehicles Fundamentals, Theory, and Design. CRC Press, Boca Raton
9. Mikolajczak C et al (2011) Lithium-Ion Batteries Hazard and Use Assessment. Technical representative, Exponent Failure Analysis Associates, Inc./ Fire Protection Research Foundation, Final Report
10. UN Recommendation (2009) UN Recommendations on the Transport of Dangerous Goods Manual of Tests and Criteria 38.3 Lithium batteries, Rev. 5, Amend.1

第 2 章

电池碰撞安全性的建模

Gernot Trattnig, Werner Leitgeb

摘要：用于碰撞仿真的电池有限元模型是设计安全、轻便的纯电动汽车和混合动力电动汽车电池系统的有效工具。本章介绍目前将电池集成到整车碰撞模型的实用方法，并结合当前的应用状况讨论其局限性。新的建模方法能够确定特定的电池失效模式，如短路和（电解液）泄漏。结合在汽车设计过程中未来的适应性，本章对这些建模方法进行了讨论和评估。

关键词：有限元法，碰撞仿真，电池碰撞安全，电池变形和失效，层叠卷绕材料

2.1 引 言

由于锂离子电池应用在传统领域（如手机或笔记本电脑），电池研究和相关的新的建模方法主要集中在诸如提高容量、功率和耐久性等目标上。这也是电池生产商和相关科学团体主要掌握的专门知识。随着锂离子电池在现代电动汽车（EV）和混合动力电动汽车（HEV）上应用的增加，碰撞安全性要求变得越来越重要。因此，汽车行业需要高度可预测的、适用的和高效的方法模拟电池在碰撞测试情况下的变形和失效。

2.1.1 动机

为满足具有较长续驶里程的纯电动汽车和混合动力汽车对电能的需求，所

使用的电池质量达数百公斤且体积庞大。因为电池变形是很危险的,所以目前汽车开发的目标之一就是在碰撞测试中防止电池产生任何严重的变形。这只能通过严格限制电池系统可用的空间,以及使用高强度但较重的电池包外壳来实现。

为了能够开发长续驶里程和轻量化的电动汽车,工程师需要更好地了解电池变形和失效的特点,以及新的仿真工具。在使用车辆数字化开发的今天,这些工具必须具有相同的精度和可靠性。因此,有可能开发出结构化电池,这些电池具有优化可用空间、质量小和提高碰撞安全性的特点。

2.1.2 电动汽车的特殊危险

电池的碰撞安全意味着发生事故时不会产生可能会污染环境,伤害乘客、行人以及救援人员的危险电压、气体、高温或火灾,这可以通过电池本身的设计以及在车辆集成阶段的结构保护措施来实现。

400~800 V的危险电压不仅会造成人身伤害,也会产生短路和电弧,从而产生高温并引起电池系统的其他失效模式。

电池单体内活性物质的短路或不同电位的部件接触可能造成电解液汽化,也可能造成单体内部液体的排气或电解液的泄漏。这些排出的气体和液体易燃,也可能有毒,因此不能与乘客接触。

汽车碰撞时最坏的情况是气体排出或液体泄漏与高燃点(如电弧)或高温点同时发生,这会使电池本身着火和发生放热反应,对被困乘客带来不可预料的后果。作为一个说明性的例子,图2.1表示在实验室条件下充电后的单个锂离子金属氧化物电池因严重变形引起的放热反应。

图2.1 充电后的单体在严重变形时的放热反应——与格拉茨车辆安全研究所合作完成

2.1.3 可行的电池设计方法

为了给纯电动汽车和混合动力电动汽车设计碰撞安全的电池,在开发过程中需要有效的和预测准确性高的电池模型。它们必须能够准确地描述变形、机械和电化学失效,必须适用于目前的汽车碰撞有限元(FE)模型。

图 2.2 所示为有效的有限元电池模型开发步骤。第一步是电池单体的机械测试,由此建立一个反映变形特点和失效特性的电池单体模型。然后通过最先进的有限元技术建立电池模型或电池包模型,建立的电池模型必须经过特殊设计的电池模块或电池包测试验证。

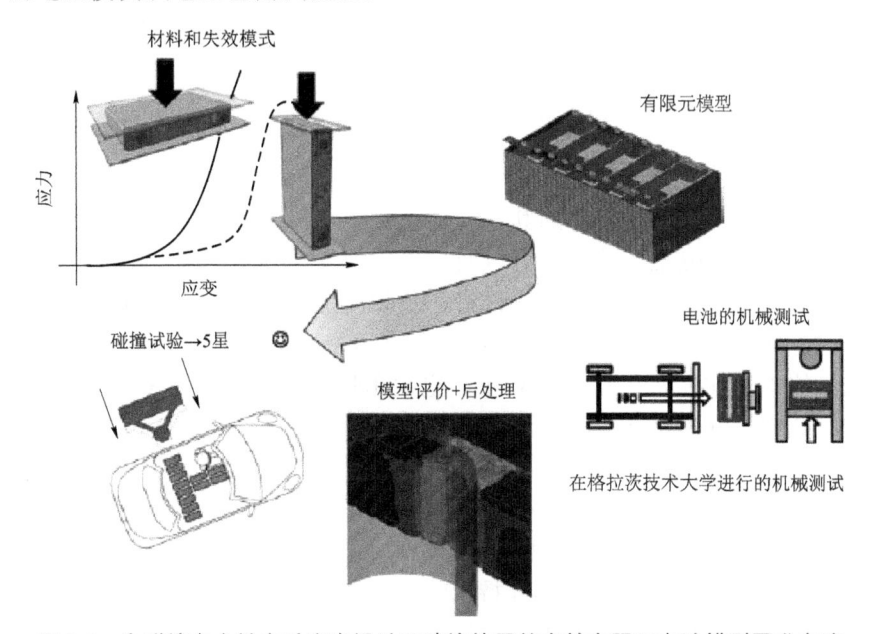

图 2.2 为碰撞安全性电动汽车设计而建议使用的有效有限元电池模型开发方法

本章描述了汽车研发过程的边界条件、要求的测试以及电池建模的步骤,之后总结了电池建模研究现状和进一步研发建议。

2.2 汽车电池设计

为了详细论述汽车行业中开发实用的电池碰撞模型面临的特殊任务,有必要简单介绍纯电动汽车和混合动力电动汽车电池包的建模和设计参数。

2.2.1 电池模块和元件

电池单体是电池中最小的单元,它有三种常见类型,即圆柱形单体、方形单体和软包单体，如图 2.3 所示。由于圆柱形和方形单体的外壳是金属薄板，它们比软包单体具有更好的结构完整性，但质量更大。外壳一般是由高强度的铝板制成，而软包单体的聚合物外包装有点儿像咖啡袋。

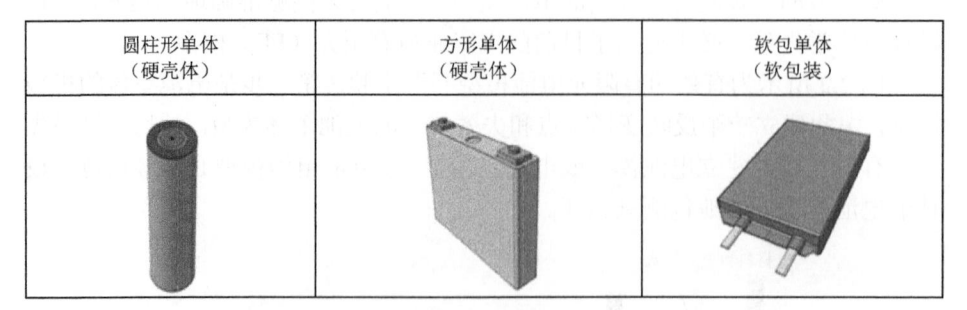

圆柱形单体 （硬壳体）	方形单体 （硬壳体）	软包单体 （软包装）

图 2.3 汽车工业使用的主要电池单体类型示意图

电池单体的主要成分是活性物质，通常称为层叠卷绕材料。

可正常工作的电池单体的其他元件包括集流体、端子、前面提到的电池外壳、壳体内的隔垫、绝缘部分以及一个压力安全阀。锂离子电池的端电压通常为 $2.5\sim4.2\,V$，这是由化学材料、负载情况和荷电状态（SOC）所决定的。因为电动汽车电机工作电压为 $200\sim800\,V$ 时效率最高，故需要几百个电池单体串联才能提供这样的高压。电池单体组成模块主要考虑以下因素，即相对低电压（$<60\,V$）、单个工人能搬运的体积和质量，以及模块化的难易程度。

模块化有助于减少电池包内不同组件的数量，也允许电池包使用相同的基本模块来满足不同的能量、电压和设计要求。电池包内包括所有的电池单体和模块，通常也包括环境系统（为保持电池单体在容许温度内工作）的冷却部分、电池管理系统（BMS）及其相关的危险电压（高压）保护系统。图 2.4 所示为电池模块化部件示意图。

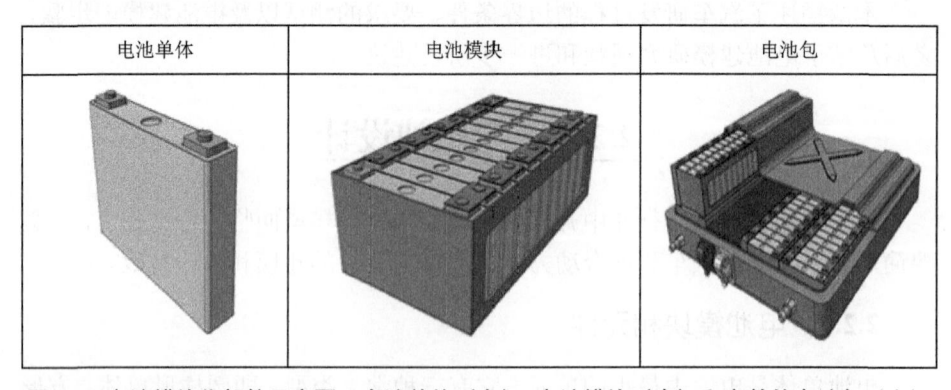

电池单体	电池模块	电池包

图 2.4 电池模块化部件示意图：电池单体（左）、电池模块（中）和完整的电池包（右）

第 2 章　电池碰撞安全性的建模

电池安全是强制性要求，电池包必须密封，将危险的电解液气体从通风口泄漏出去而不致进入客舱。集成度很高的电池系统包含电池包和所有电缆、插座和分布在全车上的传感器，这些都是在车辆环境下电池运行所必需的。因此，电池系统中，零件尺寸跨越好几个数量级，从单层 1/100 mm 厚的活性材料到长宽在 1～2 m 和质量达几百千克的电池包。

2.2.2　安全性相关的设计参数

为了提高碰撞安全性，必须避免危险状况发生，如短路或因隔膜损坏引起的正极和负极短接，因为这些危险状况可能导致着火点以及随后的电解液分解、高温和有毒气体生成。因此，必须检测产生电池危害的主要影响因素，并在设计过程中加以考虑。电池单体级别的设计参数极大地受到电化学设计要求的限制，层叠卷绕材料（即活性材料）的化学反应更依赖于所使用的化学材料。软外壳或硬外壳以及形状因素[1]很大程度上影响着模块设计和模块失效特征。对于电池模块或电池包，引入碰撞安全性特征是研发的中心。外壳、连接点和绝缘体的恰当设计可以改善碰撞安全和交通安全。这样设计的目的就是避免电导体的相互接触，也限制电池产生严重的变形。

最终，在车辆上集成电池包时，电池包的几何形状和位置的选择以及车辆结构的设计都是主要与安全相关的设计参数。

就设计而言，安全的方法就是防止电池本身的任何变形，进而消除任何可能的危险事件发生。因此，电池被分组布置在汽车上结构坚固和强度大的电池舱里，预期此处在标准碰撞测试中不会发生变形（见图 2.5）。

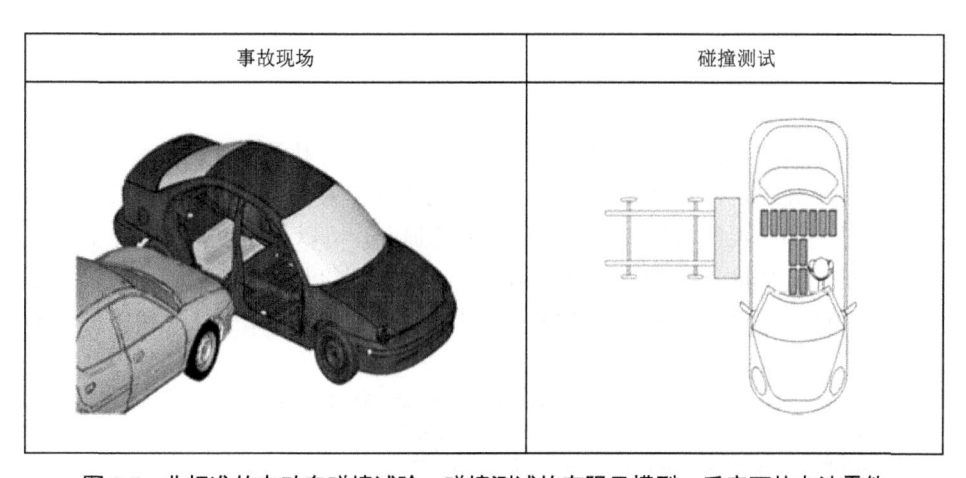

事故现场	碰撞测试

图 2.5　非标准的电动车碰撞试验；碰撞测试的有限元模型，后座下的电池零件表示为白色（左），碰撞时电池可能的位置示意图（右）；有限元模型由国家碰撞分析中心（NCAC）提供

2.3　考虑电池的汽车结构设计过程

本章简要地回顾了现代汽车结构设计的过程及其对有限元仿真方法的依赖；介绍了所提出的设计方法，并定义了电池有限元模型的性能参数。

现代汽车是按照不同的需求设计的。除了明显的要求（如销售卖点，通过内外设计或性能和驾驶性加以展示），另一个非常重要并且具有法律约束力的要求就是在事故中汽车的安全性能，如图 2.5 所示。焦点集中在保护事故中的乘客和减少事故相关的人员伤害。法规因国家而异，但一般用美国 FMVSS[①] 和欧洲 ECE[②] 法规作为基础。在这些法律的基础上，被广泛接受的消费者检测程序更进一步提高了汽车安全性要求。在欧洲，这个要求的制定者是欧洲 NCAP[③] 联合体和几个较小的国家组织，以及诸如德国 ADAC[④] 等公司或英国萨彻姆（Thatcham）研究所等。中国、澳大利亚、巴西、美国和日本也都使用修改的 NCAP 程序。在美国，IIHS[⑤] 建立了其他额外的性能标准。我们常见到的是，标准化整车碰撞试验必须能在严格预先确定的条件下模拟最普通的、最危险的实际发生的事故，以达到评价和比较车辆安全性能的目的。因为消费者测试结果被广泛地认知和推崇，所以生产厂商都争取在这些消费者测试项目中取得好结果。

2.3.1　标准方法和要求

为了应对来自法律和消费者测试的各种各样的要求以及缩短开发时间，整个车辆设计与开发过程中都采用仿真方法[2]。对于结构整体计算和碰撞模拟仿真，通常使用显式有限元法[3]。几种碰撞求解器可以在市场上买到，最常见的是 Abaqus，LS-Dyna，Pam-Crash 和 Radioss[⑥]。

尽管事故仿真比全尺寸实车碰撞试验便宜，但受限于计算能力的费用。因为显式有限元求解器的计算时间取决于单元数量和大小，在模型中一般只考虑重要的结构和必要的零件。随着计算能力的提升，可以获得更详细的、更好的结果。单元的特征长度为 2~10 mm，当前的标准长度为 4~5 mm，所以整车的有限元网格模型很容易超过 200 万个计算节点和单元。由于使用精细的电池

---

① FMVSS: Federal Motor Vehicle Safety Standards——联邦机动车安全标准。
② ECE: Economic Commission for Europe——欧洲经济委员会。
③ NCAP: New Car Assessment Program——新车评价程序。
④ ADAC: Allgemeiner Deutscher Automobil-Club e. V——全德汽车俱乐部。
⑤ IIHS: Injury Institute for Highway Safety——公路安全伤害研究所。
⑥ SIMULIA 公司的 Abaqus FEA，LSTC 公司的 LS-Dyna，ESI Group 公司的 Pam-Crash，Altair Engineering 公司的 Radioss。

模型，节点数和单元数都会大大增加。

2.3.2 电池的碰撞测试和碰撞仿真

截至 2013 年，电动车辆上动力电池的安全性评价要结合交通法和建议[①]进行，必须通过车辆的标准碰撞测试。但是，在特殊设计的测试中，电池可能会产生并不影响安全的机械变形。为了利用这种可能的变形，必须充分掌握电池的机械变形和失效特性。能够展现上述特性的电池有限元模型，正在成为电池位置优化和结构增强的必要手段，以确保电池变形处于可接受的水平。

2.4 电池的有限元模型

将电池包设计集成到碰撞安全的电动汽车开发过程中，意味着将电池模型集成到碰撞仿真中，其中包含所有与电池在结构上关联的零件。使用已经建立的显式有限元求解器和方法，并在必要时加以调整，就可以很顺利地求解了。

为了保持可控的模型尺寸进而确保计算时间也在可控的范围内，整车耐撞性仿真的有限元求解器受单元尺寸和时间步长的限制。通常，有限元模型源于三维计算机辅助设计（CAD）模型，该模型能准确地反映实体。加工图纸可以直接从这些 CAD 模型中导出。一般的，有限元网格模型是由一维的杆及其连接件、二维的壳类结构和三维体积单元构成的[3]。当建立有限元模型时，减少几何细节是约束之一，因为小于 4~5 mm 的细节需要忽略或更换。例如，图 2.6 展示了圆柱形电池的实体模型、CAD 模型和有限元模型之间的差异。图 2.7 展示了电池单体的各个组件及其在有限元仿真中对应的模型[②]。

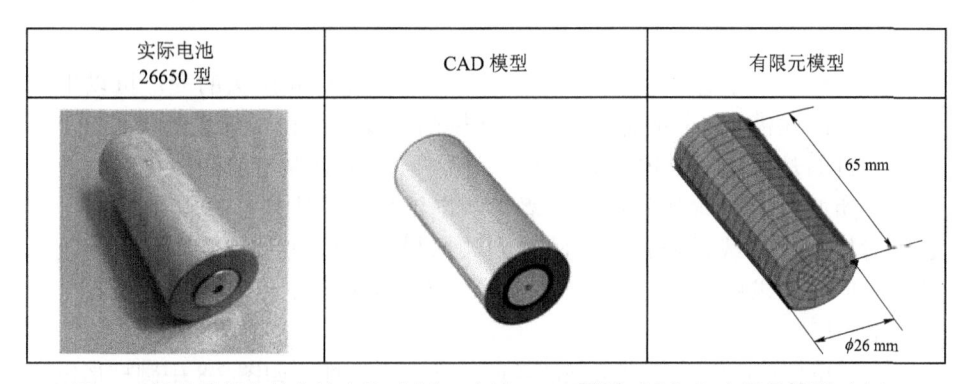

图 2.6 圆柱形铝壳的电池实物（左）、电池 CAD 模型（中）和有限元模型（右）

---

① 38.3 跌落试验[4]，FreedomCAR[5]，EUCAR 危险等级。
② 本章所有圆柱形电池的图像都表示 26650 型电池（直径 26 mm，长 65 mm）。

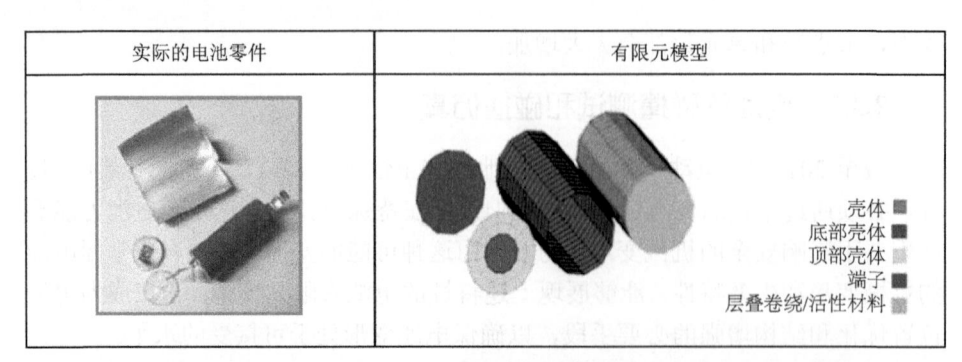

实际的电池零件	有限元模型
	壳体 底部壳体 顶部壳体 端子 层叠卷绕/活性材料

图 2.7　铝壳圆柱形电池组件实物（左）和对应的有限元模型（右）（见彩插）

电池的所有重要结构组件，其力学描述和传统组件一样，也是使用一个节点和几何单元，又附加了基于应力-应变曲线的材料模型。对于其他的载流组件的模拟（如母排和高压电缆），则需要建立变形和失效模型的新方法。对所有零件，为充分描述电池的不同组件机械特性，需要开发合适的材料模型。接下来的章节对可用的方法进行描述并加以讨论。

2.4.1　机械变形建模

造成失效的变形建模是准确评估失效的基础。本节简要论述电池的不同组件建模的可行方法。

电池包：主要承载组件是外壳，外壳应该是密封的。外壳可以由薄钢板或轻质材料（如铝或纤维增强塑料）制成。这些材料在白车身结构上也有使用，并且在碰撞求解器[6~12]中各种塑性应变速率的材料模型也有应用。连接件（如焊缝、铆钉或螺栓）的弹性变形可以用连接单元与相应的弹性参数[7,11]来建模。

电池模块：与电池包类似，外壳、导体、绝缘件和接头的变形可以用标准有限元法建模。与前面标准有限元建模的主要区别在于模块的预加载，这么做的目的是使电池单体上施加的压力不变。这是确保电池活性物质的电化学寿命所必需的。预加载荷会显著影响电池模块的刚度，在这种情况下，必须对模型预加载过程建模并映射到碰撞模型的弹性预变形和预应力上。最常见的碰撞求解器中是通过碰撞成形方法（Forming to Crash methods）来实现的[13]。

电池单体：电池单体有很强的各向异性变形特性，如图 2.8 中圆柱形电池所示。根据电池单体类型（见图 2.3），电池外壳对其刚度有重要作用。这里，电池外壳可用标准有限元法建模。在这个级别上，电池的细微特征也是影响变形及随后失效形式（如电池里的集流体和圆柱形电池的一些细微之处，如图 2.13 所示）的重要因素。

第 2 章 电池碰撞安全性的建模

实际的几何形状必须简化,因为适用于有限元碰撞模型的网格大小约 5 mm,如图 2.7 所示的圆柱形电池。如果局部变形的影响明确了,并且在随后的失效评价中有所考虑,这种简化是可以的。

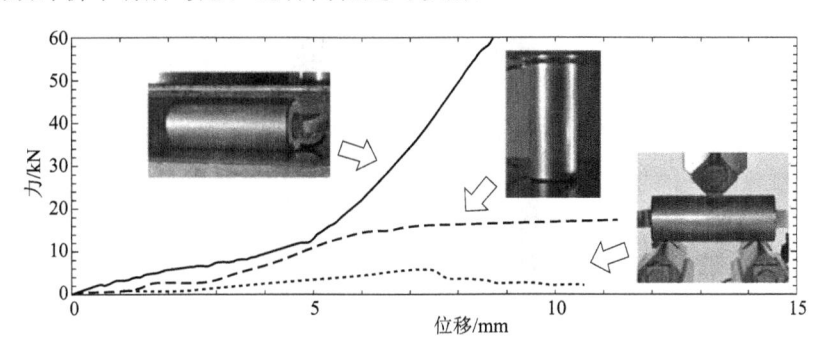

图 2.8 各向异性变形特性的圆柱形电池;垂直于电池轴压缩试验(实线)、沿电池轴压缩试验(虚线)和三点弯曲测试(点线)——与格拉茨技术大学车辆安全研究所合作完成

活性物质,即层叠卷绕材料也会增加电池刚度。根据加载方向,它可能是具有较强的各向异性变形特性的主要承载部件(见图 2.9)。

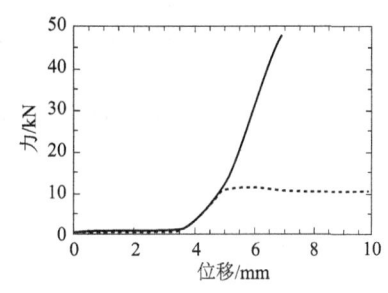

图 2.9 圆柱形无外壳电池的各向异性层叠卷绕结构变形;垂直于电池轴的压缩试验(左)和平行于电池轴压缩试验(中);法向力-位移曲线(实线)和平行轴线的力-位移曲线(虚线)(右)

与外壳和接头材料相比,在碰撞模拟中层叠卷绕材料本身是一种新材料。根据加载方向,主要的多孔活性物质(如石墨、金属氧化物或隔膜)或导电极(如铝箔或铜箔)都被压缩了,这也有助于提高电池刚度。

解决这个问题有两种不同的方法。一个是自下而上的方法,即基于具有合适材料性能的单层建模的思想[14]。图 2.10 所示为圆柱形层叠卷绕材料的横截面和详细模型,虽然不是每一层都建模,但其离散化程度足以研究每层的微小变形特性。这种方法必须使用精细化的网格模型,但是会导致计算时间增加,这在碰撞仿真中是不能接受的。另一个问题是薄金属板、电解质、隔膜和多孔活性物质等的材料数据测量。由于测量相当复杂,其机械性能只能部分了解或只有用不同的测试条件得到一部分（如大厚度板或不同浓度的电解质）。这种方法更科学，因为它更适用于电池内的变形机理研究以及从层叠卷绕材料推导出电池的宏观变形特性。

图 2.10 中心有直径 26 mm 钢管的圆柱形层叠卷绕材料照片（左），横截面的 X 射线断层扫描图像（中）和相应的详细有限元模型（右）
——X 射线断层扫描由奥地利铸造研究所（奥吉）完成

另一个适用的方法是自上而下的方法，是基于层叠卷绕材料的宏观模型[15,16]，在碰撞模型中将替代模型用于层叠卷绕材料。为了将模型参数化，用层叠卷绕材料或电池单体的试验来测量各向异性变形特性（见图 2.11）。实用的蜂窝材料模型[7,11]提供了单独定义每个方向的应力与应变曲线的可能。最终的模型适用于事故仿真，因为它可以描述外部变形特性和变形力。尽管如此，这种模型不能描述层叠卷绕材料的内部变形机理，因此也不能用于微观失效评估。

图 2.11 半个铝壳圆柱形电池有限元模型；垂直于电池轴压缩测试（左）、沿电池轴压缩测试（中）和三点弯曲测试（右）（见彩插）

2.4.2 材料和连接点失效的建模

失效评估建立在电池系统组件的塑性变形和连接点处载荷的准确描述基础上（见图 2.12）。必须描述机械失效，因为它可能导致泄漏（如电池的外壳破裂）或变形特性上有很大的变化（如承载件或连接处的失效）。

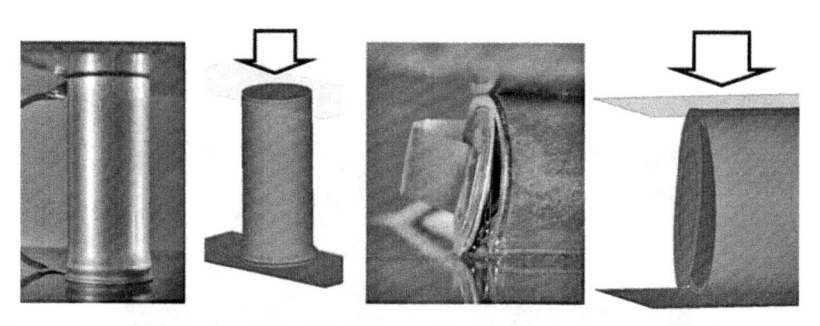

图 2.12 压缩铝壳圆柱形电池时的变形和失效；试验和有限元模型皱纹形成比较，沿轴向压缩（左）和垂直于电池轴的压缩（右）引起的连接点连线的失效

各种断裂模型都可描述金属板的失效。大部分模型是用加权应力状态函数的塑性应变计算损伤值[11,17~20]。如果关键区域（如电池包部分或电池外壳）受载处于拉伸状态，模型会计算出非常准确的结果。模拟应用中尚未解决的问题是由断裂力学模型Ⅲ[21]引起的失效，即垂直于板的载荷引起的剪切。这种失效模式发生在比较尖锐且刚度大的部件中，如电池包的一部分或入侵的物体，这种失效模式会切入金属板中，引起局部失效而周围区域并没有主要变形。这在碰撞模拟中是一个具有挑战性的任务，新单元模型正在研发中[11,22]，具有广阔的应用前景。

当对复合材料及绝缘体进行建模时，必须考虑到所采用的聚合物不同，这些材料可能比实际使用的金属板更脆。由于没有明显的塑性变形，基于应力的准则更适合描述该失效模式。为复合材料和聚合物所建的新失效模型是可行的，并且是当前研发的焦点[23,24]。此时，碰撞成形方法[13]的应用比金属板建模更重要，因为在生产过程中局部材料特性明显取决于诸如局部纤维或聚合物链的方向[25]等参数。

影响电池系统强度的其他主要因素是连接处失效。根据连接的概念，一个电池系统可以包含如粘接、点焊、激光焊接、螺栓连接或铆钉连接等不同连接方法。近年来，在碰撞模拟中，连接处的失效已经成为碰撞仿真中一个重要的研究课题。因此，为粘接[26]和如点焊和螺栓连接等的单点连接而开发的各种模型都可以得到，并准备使用（见图2.12）。

对于层叠卷绕材料的失效而言，与非活性电池组件一样，失效评估同样是基于变形的准确描述。由于层叠卷绕材料变形，内部短路（电极之间或者电极与外壳之间）会导致生热和放热反应。关于变形的建模，有以下两种方法。

第一种方法是自下而上的或称之为科学的探索，即用详细的有限元模型来描述失效机理（如电极层的断裂、关键接触点断裂或脱层，见图2.13）[14]。这种微观方法有助于掌握层叠卷绕材料失效机理和促进微观层叠卷绕材料建模的研发。该方法的主要问题仍是在测试中微观材料或接触区域参数的测量，测试可只在单体电池上重复进行。因为各种参数（如电解液浸透材料和导体箔片的断裂应变和应力）必须从文献或复杂的测试中获得，仿真结果必须谨慎解读。

图 2.13 直径 26 mm 的圆柱形不变形电池 X 射线断层扫描横断面图像（左），垂直于电池轴压缩的电池（中）和在三点弯曲测试中变形的电池（右）
——X 射线断层扫描由奥地利铸造研究所（奥吉）完成

自上而下的方法适用于碰撞仿真，通过观察层叠卷绕材料的宏观变形进行失效评价。相比上述的微观机理，这种变形及关联的机电失效可以进行测试并且测量结果很准确。因此，基于一系列类似于碰撞加载变形的测试，电池失效模型可以参数化。这个失效模型可以通过层叠卷绕材料模型来实现（如基于有限元应力与应变）或在后处理过程中评估，如重要的外部变形（见图 2.14）。这种方法的缺点是失效模型并不是一个通用的解决方案，而是只对特定的电池类型和测试的加载条件有效。

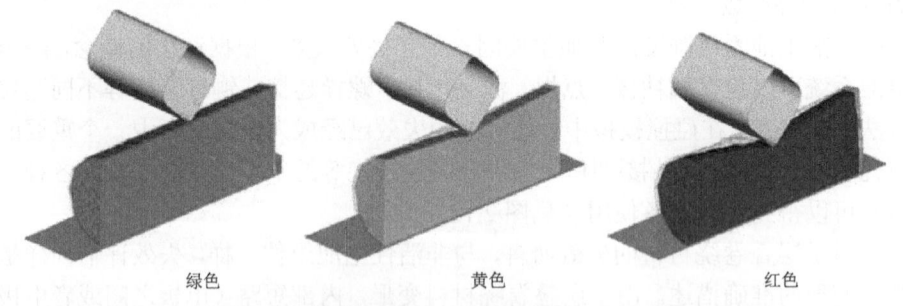

绿色　　　　　　　黄色　　　　　　　红色

图 2.14 基于外压缩变形下的圆柱形电池失效评价，绿色表示合理，黄色表示临界状态，红色表示失效（见彩插）

2.4.3 电接触和泄漏的建模

层叠卷绕材料的建模引入了第一个失效模型，这个模型不能在标准的有限元求解器中应用。然而，这些并不是唯一的失效机理，而是因为目前缺乏合适的建模技术而未得出。其他三个主要的失效机理是电势转移、短路和漏电。

由于电势转移，危险电压会出现在裸露的导体部分，这是由碰撞变形后与导体短接引起的。因此，基于组件的电位差和接触状态进行风险评估是必要的。

此外，由隔膜和绝缘层的失效而造成的短路也很危险。例如，带电导体和外壳，或者导体与电池外壳（见图 2.15）之间的电接触都会引起短路，这会产生热量并发生放热反应。为了评估这一风险，在有限元仿真中对接触状况进行详细分析是强制性的，例如评估局部压力，考虑实际的几何形状（如尖锐的边缘）和零件的相对位移。在碰撞求解器中，目前还不能实现对临界压力和局部几何形状进行复杂的评价。直到详细的电接触模型出现，才能考虑合适的后处理分析。

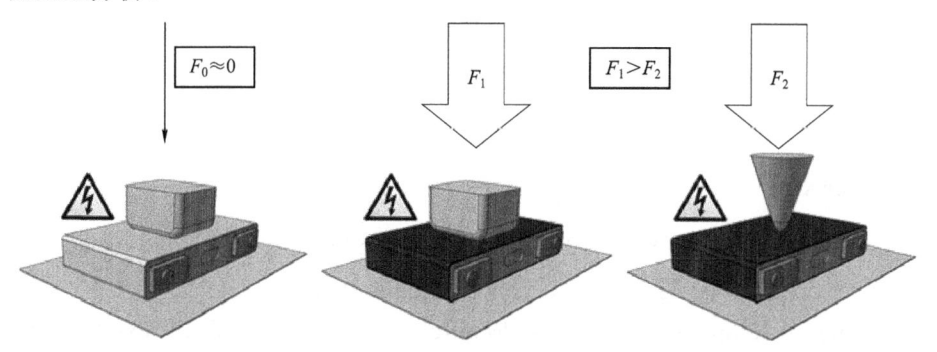

图 2.15　电池单体和导电的非绝缘金属撞击物之间不同的短路状况简图；非绝缘罐与钝的撞击物之间短路并无明显的力 F_0（左），绝缘罐与钝的撞击物之间短路有很高的接触力 F_1（中），绝缘罐与尖锐的撞击物之间短路有小接触力 F_2（右）

与事故后安全性分析相关的另一个危险就是有毒电解液和气体的泄漏[31]。为了确保电池系统的密封，有必要评价电池单体和电池包外壳的完整性。评价可以借助外壳失效建模和激光焊接点之类的连接件建模（在 2.4.2 节中已有讨论），也可以借助变形以及密封和安全阀功能的评价[32]来完成。

2.5　结　　论

目前，对锂离子电池的碰撞安全要求是：电池包避免发生任何严重的变形，这可以通过限制电池在汽车上允许的空间和在车辆上采用高强度结构保护措施来实现。

这与设计目标——通过增加电池容量和对电池轻量化设计来增加电动车辆的续驶里程存在激烈矛盾。因此，实现这一目标唯一可能的途径就是允许电池组适当的变形（即没有很重的电池包和刚性很大的零件）以及开发新的汽车概念（即可用空间的最优利用）。

因此，在汽车设计过程中，必须开发出可靠的电池有限元变形和失效模型。本章表明当前可采购的和在用的有限元法能够描述典型白车身结构和材料的变形和失效特性，如电池包和模块外壳或连接件。尽管如此，仍缺少重要的建模工具，如用于层叠卷绕材料的变形与机电失效分析的特殊材料分析模型，或局部接触状况评价的电接触模型。

在持续研究和进一步发展中的有限元电池模型已经出现了可喜成果，这些方法应该很快成为汽车开发过程中的标准工具。

致谢

作者向奥地利联邦运输的"彗星K2能力技术中心项目"，奥地利联邦交通、创新和技术部（BMVIT），奥地利联邦经济、家庭和青年部（BMWFJ），奥地利研究促进署（FFG），施蒂里亚州及施蒂里亚商业促进局（SFG）提供的财政资助表示感谢。

参考文献

1. ISO/IEC PAS 16898: 2012 (2012) Electrically propelled road vehicles—dimensions and designation of secondary lithium-ion cells
2. Kramer F, Franz U, Lorenz B, Remfrey J, Schöneburg R (2013) Integrale Sicherheit von Kraftfahrzeugen: Biomechanik-Simulation-Sicherheit im Entwicklungsprozess. ATZ/MTZ-Fachbuch
3. Bathe K (2002) Finite-elemente-methoden. Springer, Heidelberg
4. Recommendations on the transport of dangerous goods manual of tests and criteria (2009) .Technical report, United Nations
5. Crafts CC, Doughty DH (2006) Sandia report FreedomCAR electrical energy storage system abuse test manual for electric and hybrid electric vehicle applications. Technical report, Sandia National Laboratories
6. Cowper G, Symonds P (1958) Strain hardening and strain rate effects in the impact loading of cantilever beams. Applied Mathematics Report, Brown University, Providence
7. ESI Group (2012) Virtual performance solution 2010
8. Hill R (1950) The mathematical theory of plasticity. University Press, Oxford
9. Johnson G, Cook W (1983) A constitutive model and data for metals subjected to large strains, high strain rates and hight temperatures. In: Proceedings of the 7th international symposium on ballistics, The Hague, The Netherlands

10. Jones R (1999) Mechanics of composite materials. Taylor and Francis, Washington
11. LSTC (2013) LS-Dyna manual
12. von Mises R (1913) Mechanik der festen Körper im plastisch-deformablen Zustand, Göttinger Nachrichten. Math Phys Klasse 4: 582–592
13. Steinbeck-Behrens C, Steinbeck J, Schroeder M, Duan H, Hoffmann A, Brylla U, Kulp S, Pinner S, Rambke M, Leck L, Awiszus B, Bolick S, Katzenberger J, Schulz M, Runde S, Czaykowska A, Mager K (2012) Durchgängige Virtualisierung der Entwicklung und Produktion von Fahrzeugen (VIPROF). Technical report, BMBF, Germany
14. Sahraei E, Campbell J, Wierzbicki T (2012) Modeling and short circuit detection of 18659 Li-Ion cells under mechanical abuse conditions. J Power Sources 220: 360–3722
15. Greve L, Fehrenbach C (2012) Mechanical testing and macro-mechanical finite element simulation of the deformation, fracture, and short circuit initiation of cylindrical Lithiumion battery cells. J Power Sources 214: 377–385
16. Wierzbicki T, Sahraei E (2013) Homogenized mechanical properties for the jellyroll of cylindrical Lithium-ion cells. J Power Sources 241: 467–476
17. Bai Y, Teng X, Wierzbicki T (2009) On the application of stress triaxiality formula for plane strain fracture testing. J Eng Mater Technol Trans ASME 131 (2): 021 002-1–10
18. Basaran M, Wölkerling S, Feucht M, Neukamm F, Weichert D (2010) An extension of the GISSMO damage model based on lode angle dependence. In: LS-Dyna forum. Dynamore, Bamberg
19. Gurson A (1977) Continuum theory of ductile rupture by void nucleation and growth: Part I yield criteria and flow rules for porous ductile media. J Eng Mater-T ASME 99: 2–15
20. Tvergaard V, Needleman A (1984) Analysis of the cup-cone fracture in a round tensile bar. Acta Metall 32: 157–169
21. Anderson T (2005) Fracture mechanics—fundamentals and applications. CRC Press, Boca Raton
22. Kunter K, Heubrandtner T, Trattnig G, Mlekusch B, Fellner B, Pippan R (2011) Simulation of crack propagation in high strength automotive steel sheets using hybrid Trefftz method. In: 2nd European conference on eXtended finite

element. Cardiff, UK
23. Knops A (2008) Analysis of failure in fiber polymer laminates: the theory of alfred puck.Springer, Berlin
24. Kolling S, Haufe A, Feucht M, Bois P D (2006) A constitutive formulation for polymers subjected to high strain rates. In: 9th international LS−Dyna users conference. Detroit, USA
25. Boisse P (2010) Simulations of composite reinforcement forming. In: Dobnik Dubrovski P (ed) Woven fabric engineering. InTech, Rijeka, p387
26. P676: Methodenentwicklung zur Berechnung von höherfesten Stahlklebe-verbindungen des Fahrzeugbaus unter Crashbelastung (2008). Technical report, Forschungsvereinigung Stahlanwendung e.V. Düsseldorf
27. Chauffray M, Delattre G, Guerin L, Pouvreau C (2013) Prediction of laser welding failure on seat mechanisms simulation. In: 9th European LS−DYNA conference. Manchester
28. Heubrandtner T, Scharrer G (2008) Hybrid-Trefftz formulation of spotwelds in car bodies. In: Leuven symposium on applied mechanics in engineering, pp 187−200
29. Malcolm S, Nutwell E (2007) Spotweld failure prediction using solid element assemblies. In: 6th European LS−Dyna users' conference. Gothenburg, Sweden
30. Szlosarek R, Karall T, Enzinger N, Hahne C, Meyer N (2013) Mechanische Prüfung von fliesslochformenden Schraubverbindungen zwischen faserverstärkten Kunststoffen und Metallen.Mater Test 10: 737−742
31. Golubkov A (2013) Thermal-runaway experiments on consumer li-ion batteries with metal-oxide and olivin-type cathodes. In: RSC Advances
32. Brödner S (2012) Gummidichtungen in der Hydraulik-Grundlegendes and Möglichkeiten der FE-Simulation. In: 15. Poly-King Event, Würzburg

第 3 章

热失控：单体电池的热失控成因和影响

Andrey W. Golubkov, David Fuchs

摘要：锂离子电池在日常生活中扮演着日益重要的角色，因此了解与其有关的潜在危险很重要。本章借助 18650 系列电池来展示三种不同型号商用锂离子电池的热失控特性。在可控的条件下，锂离子电池被人为加热到过热热失控状态，这时测得电池单体的温度上升至 850 ℃，并且释放的气体达 0.27 mol，主要的气体成分用气相色谱分析方法来量化。锂离子电池的安全性取决于其成分、尺寸、能量、设计和质量。本章研究了不同正极材料的化学特性对商用的石墨基 18650 系列电池的安全性影响。三种被测试的电池单体正极的活性材料分别为 $LiFePO_4$，$Li(Ni_{0.45}Mn_{0.45}Co_{0.10})O_2$ 和 $LiCoO_2$+ $Li(Ni_{0.50}Mn_{0.25}Co_{0.25})O_2$ 复合电极。

关键词：锂离子电池，热失控，气体分析

3.1 引　言

锂离子电池自 1991 年开始商业应用[12]。到 2013 年，锂离子电池开始广泛用于手机或者笔记本电脑等便携式电子产品中。锂离子电池还可作为电动汽车的动力源。与镍氢电池（NiMH）和铅酸蓄电池相比，锂离子电池具有高比能量和良好的抗老化性能。但是，锂离子电池存在一些安全性方面的问题，有些

滥用的情况（如过充电、过放电以及内短路）会导致电池的温度远高于厂家的限值。在临界温度时，会触发一连串的放热反应。这些反应引起温度进一步升高，进而加速了反应动力性。在锂离子电池中发生的这种灾难性自加速衰退现象称为热失控[17]。

在热失控过程中，温度甚至可以高达 900 ℃[6]，同时电池会释放出大量的可燃且有毒的气体（如果吸入过量）[13]。如果要对温度过高时放热反应的锂离子电池可能产生的危害进行定量评价，就必须进行完整的电池测试。试验使用了作为消费类电子产品[2,4,6~8,10,13,15,16]的商用锂离子电池，以及在实验室制造的锂离子电池[1,3,5,11,14]。

这项实验研究了三种消费类电子产品中的商用锂离子电池的热稳定性，关注的焦点在于电池单体的热反应动力学、能够达到的最高温度、释放气体的量以及气体产生的速度。为了进一步评价释放气体的潜在危害，采集样品并用气相色谱系统进行分析。

3.2 实　　验

3.2.1 实验台简介

为了能够不受限制地进行热失控实验，首先需要特别定制的实验台（见图 3.1）。实验台的主要部分是一个可加热的反应装置，其内部带有用于温度测

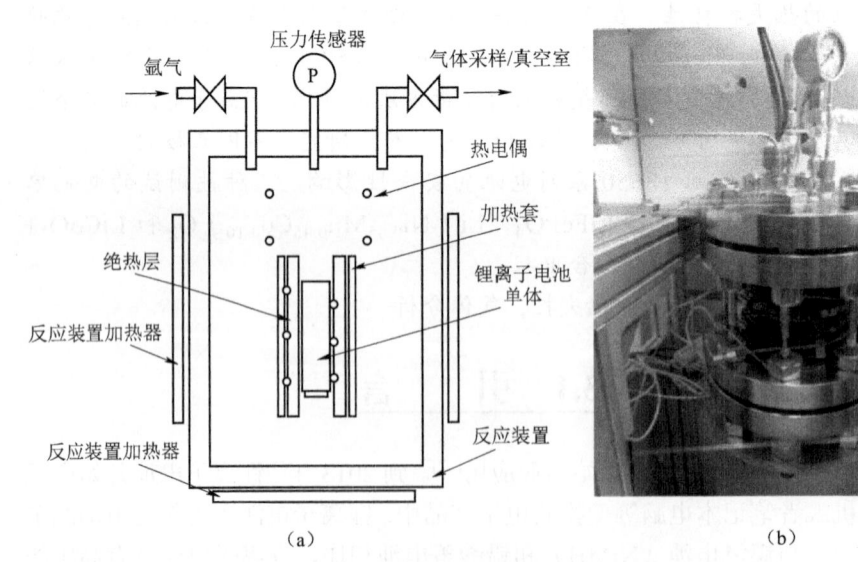

图 3.1　测试装置

（a）反应装置及其主要部件；（b）反应装置实验台的主要部件

量和内部样品加热的电极。反应装置有气体引入口，将反应装置连接到惰性气体的长颈瓶，同时连接到一个气体取样装置和一个带有真空泵的冷凝管。压力传感器记录反应装置内部的压力。整个结构装在一个通风罩内以防止电解液蒸气和释放气体的泄漏。可拆卸的样品架置于反应装置内，样品架是金属结构件，可容纳加热套和热电偶。一个 18650 型（直径 d=18 mm，长度 l=65 mm 的圆柱体）的锂离子电池正好可以放置在加热套的中间。加热套的内壁是绝热的，绝热层的作用是阻断加热套与样品之间的热传导。由于绝缘层的导热系数低，所以热失控反应可以在类似绝热的条件下进行。10 个热电偶测量反应装置内不同位置处的温度：3 个热电偶直接安装在样品室，3 个热电偶安装在加热套，4 个热电偶测量反应装置内部气体温度。

3.2.2 测试方法

首先，将样品电池恒流/恒压充电到截止电压。然后，从电池单体去掉塑料封套，同时记录电池单体质量与单体电压。三个热电偶焊接到电池壳上，同时整个电池置于样品架的加热套中。将样品架放在反应装置中，将反应装置抽真空并用氩气吹扫两次。将加热器设定为恒功率，同时记录其压力和温度。为了能够快速跟踪温度和压力的变化，每一个信号的采样频率为每秒 5 000 个采样点。

在达到临界温度时，电池单体进入快速热失控，产生气体和发热。热失控发生过程中，电池单体的温度在几秒内上升了数百摄氏度。在热失控结束后，电池温度缓慢下降，收集气体样本并置于气相色谱仪进行分析。下一步，接通真空泵，向冷凝器中注入液氮。气体严密地通过冷凝器和真空泵释放进入通风罩。反应装置与位于反应装置和冷凝器之间的气体管道被加热至 130 ℃以上，以避免气体冷凝。

在此过程之后，在反应装置中的大部分残留液体将从反应装置流入冷凝器。在下次实验开始之前，可以很容易将残留液体从冷凝器中排出。

3.2.3 气体分析

采样气体的成分用气相色谱仪进行分析（GC，安捷伦科技 3000 微型气相色谱仪，2 色谱通道，分子筛和 PLOTU 气相毛细管色谱柱）。用热导检测器（TCD）来检测永久气体。气相色谱仪用 H_2、O_2、N_2、CO、CO_2、CH_4、C_2H_2、C_2H_4 和 C_2H_6 来校准。氩气和氦气用作载气。

注意，目前的实验无法检测到 HF，而 HF 是锂离子电池在热失控[13]期间释放的主要毒气源。

3.2.4　单体成分辨识

为了辨识每个电池单体样品的成分，拆解了几个电池单体：电池放电至 2.0 V，在不引起短路的情况下小心地将电池外壳移去。对裸露的层叠卷绕材料进行各种实验。

为了分析电解液的成分，移去外壳后，迅速将层叠卷绕材料浸泡在装有 CH_2Cl_2 溶液的烧瓶中。之后采用气相色谱－质谱分析系统（GC-MS：安捷伦 7890 和安捷伦 5975MSD）以及 ChemStation 分析软件和 NIST 谱库对溶液进行分析。为了分析单体中的固体材料，将展开的层叠卷绕材料分离成负极、正极和隔膜。在化学通风罩中干燥之后，对负极箔片和正极箔片样品进行电化学活性材料的鉴别。微波辅助消解处理样品之后，用电感耦合等离子体发射光谱法（ICP-OES，Ciros Vision EOP，德国斯派克分析仪）得到正极活性物质的总原子构成。用具有能量色散 X 射线光谱（SEM/EDX：Zeiss Ultra55 和 EDAX Pegasus EDX）功能的扫描电镜来确认正极组成成分的 ICP-OES 结果，以及负极活性物质材料是否有效。对于质量分解计算而言，每个电池单体都要完成以下过程：从层叠卷绕材料中提取出正负极的样本。为了从活性材料中去除残留的电解质，将样品用碳酸二乙酯（DEC）冲洗，然后进行再次干燥。将样品称重并记录该电极箔片的几何形状，从而能够计算各部分的质量。电解质的质量大约为电池单体的初始质量和所计算出每个单体的干燥质量之差。电极基片上活性材料层的厚度可以从 SEM 图像中获取。铝和铜质基片的厚度可以从被测量的面密度计算得出。隔膜箔片的厚度可以用千分尺测得。

3.2.5　锂离子电池单体

购买三种正极材料的消费类 18650 型电池单体用于实验（见表 3.1），这三种电池都是由著名的电池制造商生产的。为简单起见，将样品称为 LFP、NMC 和 LCO/NMC 电池，以此来反映各自的正极材料。尽管命名方式简单，但要注意，单就电池的负极（译者注：原书为正极）材料而言并无差异。当然它们有不同的几何形状（见表 3.2），各部分质量的比例也各不相同（见图 3.2），活性物质的组成也不相同（见表 3.1）。

表 3.1　用于实验的三种电池样品的概况

（此表中的所有比值是摩尔比，电解质溶剂为碳酸二甲酯（DMC）、碳酸甲乙酯（EMC）、碳酸乙烯酯（EC）和碳酸丙烯酯（PC））

		LCO/NMC	NMC	LFP
单体质量	g	44.3	43.0	38.8

续表

		LCO/NMC	NMC	LFP
容量	Ah	2.6	1.5	1.1
最小电压	V	3.0	3.0	2.5
最大电压	V	4.2	4.1	3.5
溶剂（DMC:EMC:EC:PC）		6:2:1:0	7:1:1:1	4:2:3:1
正极材料		2/3LCO+1/3NMC（211）	NMC（992）	LiFePO$_4$
负极材料		石墨	石墨	石墨

表 3.2　三类电池单体样品主要零部件的质量（m）、面积（A）、厚度（d）和体积（V）（标准的 18650 型电池的体积为 16.5 cm^3）

	LCO/NMC				NMC				LFP			
	m/g	A/cm^2	d/μm	V/cm^3	m/g	A/cm^2	d/μm	V/cm^3	m/g	A/cm^2	d/μm	V/cm^3
隔膜	1.2	942	19	1.8	1.4	944	23	2.2	1.2	940	20	1.9
正极铝箔片	1.7	403	16	0.6	3.1	389	30	1.1	2.1	396	19	0.7
正极活性材料	18.3	715	91	6.5	11.3	654	67	4.4	9.7	793	70	5.5
负极铜箔片	2.9	402	8	0.3	7.5	418	20	0.8	3.9	396	17	0.7
负极活性材料	8.1	739	81	6.0	6.2	695	60	4.2	5.2	793	50	4.0
电解质	4.6				4.4				6.4			
外壳	7.5				9.2				10.5			
总和	44.3			15.2	43.1			12.7	39.0			12.8

● 该 LCO/NMC 电池单体采用复合正极，由电化学活性微粒 LiCoO$_2$ 和 Li(Ni$_{0.5}$Mn$_{0.25}$Co$_{0.25}$)O$_2$ 组成。用聚焦离子束（FIB）切穿样品，然后对单独的正极微粒进行 EDX 测量。通过比较 SEM-EDX 和 ICP-OES 的结果，可以估算出 LCO 和 NMC 层状氧化物微粒的比例。LCO 和 NMC 的比例为 LCO:NMC= 66:34，有 5% 的误差。LCO 和 NMC 的混合物作为正极材料的电池，是将 LCO 材料的高倍率性能和 NMC 材料的可接受的安全性和高容量进行折中的一种方法[9]。该电池的平均电压大约为 3.6 V。

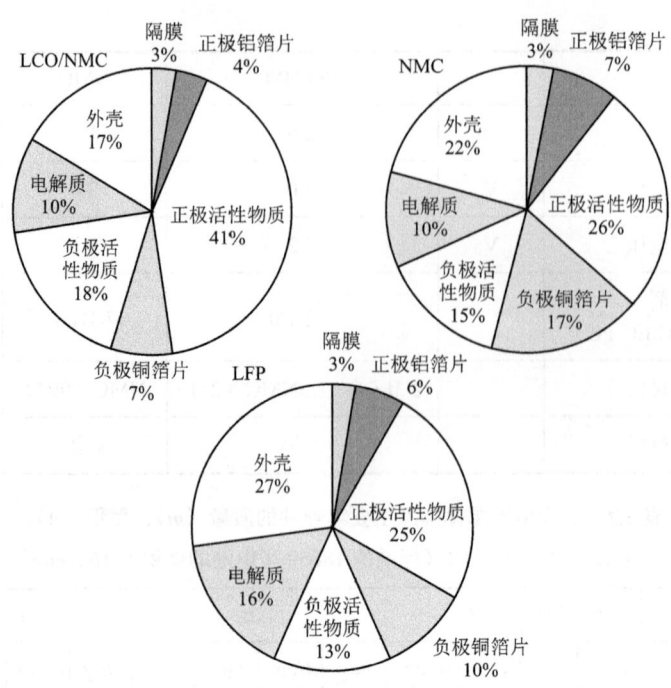

图 3.2 三种电池主要部件的质量分解（质量%）

- NMC 电池采用 Li(Ni$_{0.45}$Mn$_{0.45}$Co$_{0.10}$)O$_2$ 作为层状氧化物正极材料。混合了氧化物的 NMC 作为正极材料的电池性能取决于镍、锰和钴的含量。一般来说，NMC 单体的平均电压大约为 3.6 V，并具有较高的比能量[18]。

- LFP 电池以橄榄石结构的磷酸铁锂（LiFePO$_4$）作为正极材料。这种类型的正极因具有良好的安全性而得到广泛认可。用于高功率锂离子电池的商业化 LiFePO$_4$ 正极材料包含碳涂敷的 LiFePO$_4$ 纳米颗粒。正极材料容易获得且无危险。市场上销售的 LFP 电池的工作电压（大约 3.3 V）比使用 LCO 和 NMC 做正极的电池低[18]。

用于所有电池的活性负极材料仅包括含碳材料，可用 SEM/EDX 检验。石墨材料的确切类型没有确认。

3.2.6 电学特性

电池单体的电学特性用 BaSyTec CTS 电池测试系统来测试。第一步，将电池放电至各自的最低电压。第二步，用间歇脉冲给电池充电，直到电池在间歇期内的电压高于它们各自的最高电压。电流脉冲设定为 100 mA，持续 30 s，间歇时间设定为 50 s。记录每次间歇结束时的开路电压（OCV）和充电容量（见图 3.3）。对 NMC 电池来说，电池厂家并没有提供额定电压，但出于安全考虑，最高电压确定为 4.1 V。

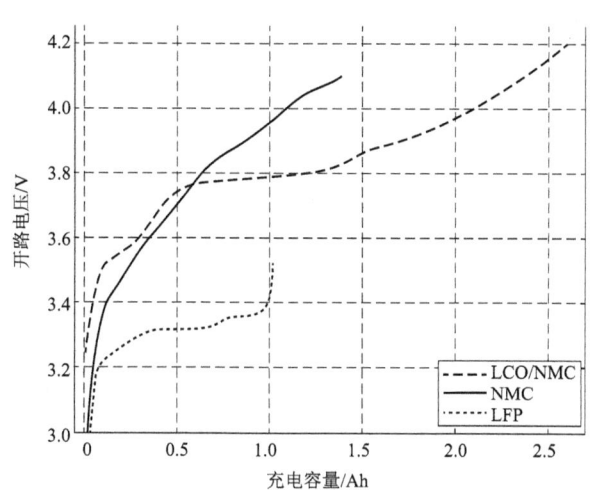

图 3.3　三种电池样品的开路电路-充电容量曲线

3.3　结果和讨论

3.3.1　热失控的典型过程

为了清楚说明升温与热失控过程中发生的联系，这里详细介绍一个 NMC 电池单体的实验过程。

按照前面介绍的方法准备 NMC 电池单体。在实验开始时，将加热套筒设定为恒定功率并对电池开始加热。初始温度为 25 ℃，样品以约 2 ℃/min 的速度缓慢升温；在温度升至 220 ℃ 之后，电池单体开始进入快速热失控，电池单体的温度在几秒内从 220 ℃ 升高至 687 ℃；当放热反应结束之后，电池单体温度缓慢下降（见图 3.4（a））。

利用理想气体定律可计算出容器内产生的气体量：

$$n = \frac{pV}{R\theta_{gas}} - n_0$$

式中，p 为反应装置中的压力；V 为反应装置的容积，$V=0.002\,7\ m^3$；R 为气体常数；θ_{gas} 为反应装置中气体的温度（K）；n_0 为实验开始时反应装置中气体的初始量。

在 160 ℃ 时，电池外壳的安全排气口打开，电池单体释放 0.02 mol 的气体。由于焦耳-汤姆逊（Joule-Thomson）效应，电池单体在释放气体时下降 10 ℃。接着，排气口可能关闭，直到 230 ℃ 时，伴随着快速的热失控发生，电池单体再一次排气。第二次排气是主要的排气过程，额外又排放出了 0.15 mol 的气体（见图 3.4（b））。

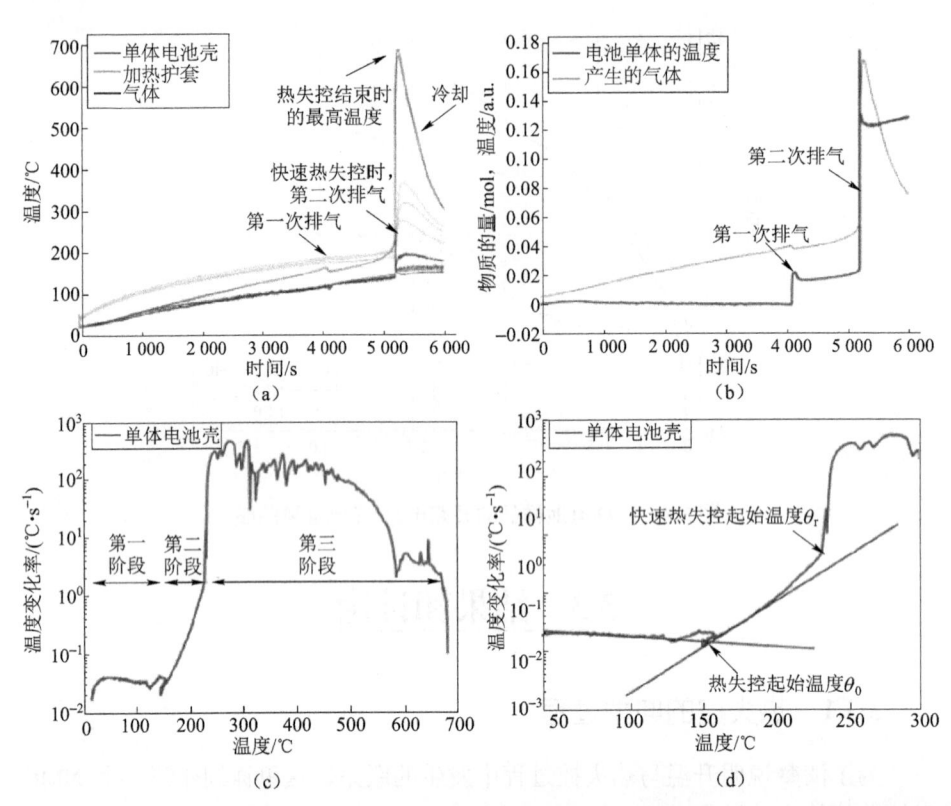

图 3.4 （a）在压力容器内所有温度传感器的温度随时间的变化曲线，绘制的是整个实验持续时间；（b）产生的气体随时间变化的曲线，电池单体温度以任意单位表示；（c）电池单体温度变化率随电池单体温度的变化曲线，该图涵盖了整个实验过程；（d）电池单体温度变化率随电池单体温度的变化曲线，直线部分拟合了加热阶段和准指数阶段，两条线的交点 θ_0 表示热失控反应的开始，温度变化率的急剧增大表示快速热失控 θ_r 的开始（见彩插）

值得注意的是，排完气体后反应装置中的气体会迅速减少，这种现象可以用在反应壁上冷凝的气体加以解释。因为反应装置壁的温度（大约 150 ℃）比完全热失控的电池单体温度（高达 687 ℃）低，反应装置壁可作为气体吸收源。

为了观察实验时电池单体的热特性细微变化，使用速率图来描述（见图 3.4（c））。与一般的温度-时间曲线图（$\theta - t$）不同的是，在速率图中绘制了温度变化率随温度的变化曲线 ($d\theta/dt - \theta$)。这类图形通常用来表示加速量热法（ARC）的结果。对 NMC 电池单体而言，可以在速率图中看到三个非常明显的实验阶段。

1. 升温阶段（$\theta < \theta_0$）：温度范围在室温至 170 ℃左右时，电池不会生热。在这一阶段，加热套是唯一的加热源。130 ℃出现的负峰与隔膜吸热被熔化（类似于在样品相变期间在差分扫描热量分析仪（DSC）图上的负吸热）有关。电池单体生热的温度 θ_0，通常称为热失控的起始温度。

2. 准指数加热阶段（$\theta_0<\theta<\theta_r$）：当温度高于θ_0时，电池也成为一个热源。在170 ℃～220 ℃，温度变化率曲线在对数坐标图（见图3.4（d））上接近一条直线。在220 ℃时，温度变化率的急剧增大表示准指数加热阶段结束。

3. 快速热失控阶段（$\theta_r<\theta<\theta_m$）：在220 ℃时，$\mathrm{d}\theta/\mathrm{d}t$（译者注：原书为$\theta/\mathrm{d}t$）迅速增大，快速的热失控反应开始。过渡到热失控的过程中伴随排气过程。所有反应物消耗殆尽时热失控即结束。此时，最高温度将达到$\theta_m = 687$ ℃。

很难准确地确定第一阶段到第二阶段的过渡点。吸热反应常常发生在起始温度θ_0附近，隔膜的熔点为130 ℃，通常在160 ℃时电池单体安全排气口打开，有些材料会从电池单体中释放出来，由于焦耳-汤姆逊效应，温度会略微降低。准确的θ_0值可能会被电池中间部分的降温所掩盖。简单来说，θ_0点一般定义为热量变化率曲线从恒值到准指数变化的转变点。一条线拟合加热部分，另一条线用来拟合对数坐标图的准指数变化率曲线。起始温度θ_0可以进一步定义为在两条线交点处的温度（见图3.4（d））。

3.3.2 热失控实验

本书至少分别对三类电池单体进行了热失控实验，所有实验的温度分布如图3.5（a）所示。

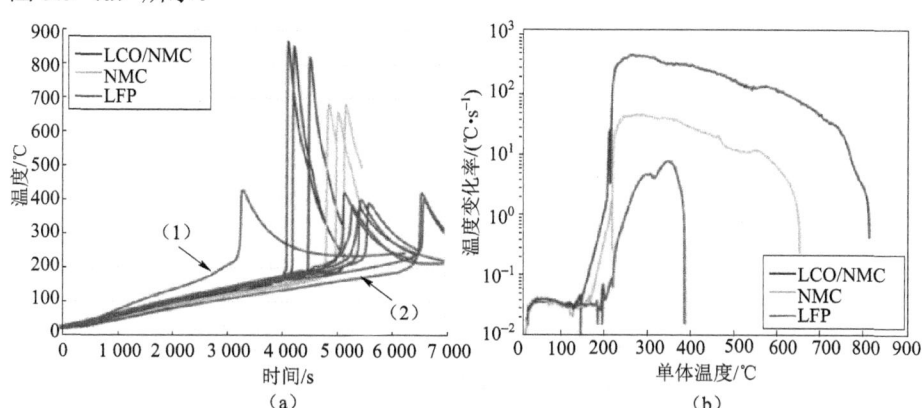

图3.5 （a）电池单体测试的温度-时间曲线，整个实验期间和整个实验设置的数据也同时表示在该图中。考虑到实验的完整性，将包含加热套的两种加热速率的LFP单体测试结果同时画在图中：（1）较高加热率的加热套；（2）较低加热率的加热套。
（b）三个代表性实验的温度变化率（见彩插）

每一类单体的热失控都有各自的特点。对于大容量的富钴元素的LCO/NMC电池单体，在热失控期间达到的最高温度θ_m为（853±24）℃。贫钴的NMC电池的θ_m较低，为（678±13）℃。LFP电池热失控特性不太明显，且最高温度θ_m居中，为（404±23）℃。同一种类不同样本的单体电池间温度曲线变化很小。这些变化很可能是由外壳破裂的时间、排气口的细微变化、焦耳-汤姆逊效应以及通风口关闭等原因造成的,它们影响着热失控的反应方式。

出于实验的完整性考虑,采用不同的加热速率(1.5 ℃/min 和 3.5 ℃/min)对另外两个 LFP 电池进行了实验和分析(见图 3.5(a))。在给定的加热速率范围内,LFP 电池单体(θ_r、θ_m 和 n)的热失控特点并不取决于加热速率。另外两个实验对表 3.3 和图 3.6 中的均值有影响。为了让图像更加清楚,在后面的图中只画出了每种电池单体中最具代表性的一条曲线。

表 3.3 在热失控实验中的温度特点和通风参数

(此处,θ_0 是起始温度,θ_r 是进入快速热失控的转变温度,θ_m 是记录的最高温度,n 是 150 ℃ 时在反应容装置中测得的反应放出气体总值,Δt 是典型的排气持续时间)

		LCN/NMC	NMC	LFP
θ_0	℃	149±2	168±1	195±8
θ_r	℃	208±2	223±3	—
θ_m	℃	853±24	678±13	404±23
n	mmol	265±44	149±24	50±4
Δt	s	0.8	0.2	30.0

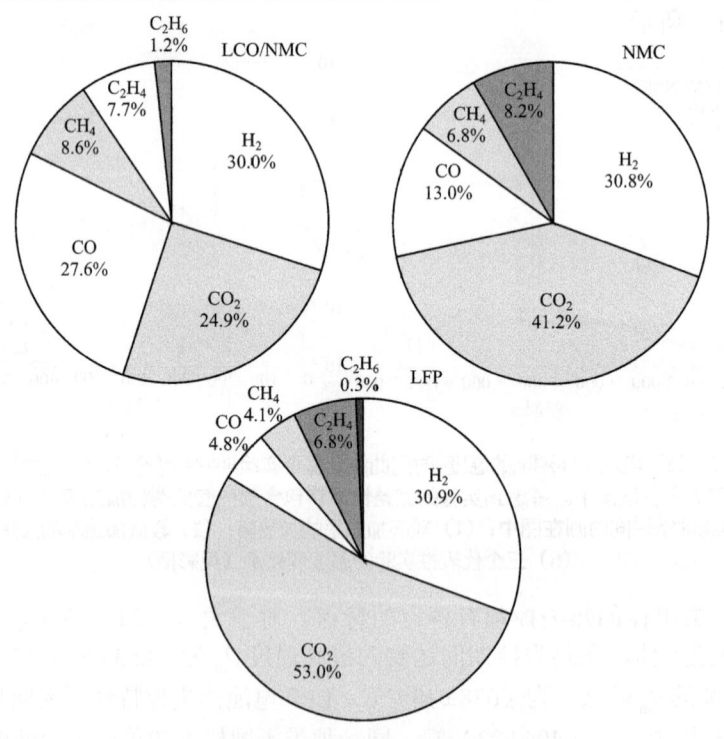

图 3.6 产生的气体中检测到的成分(mol%)

第 3 章 热失控：单体电池的热失控成因和影响

每一类电池单体都有其独特的热失控动力学特性（见表 3.3 和图 3.5（b））。对于三种电池单体的样品，LCO/NMC 电池单体的 θ_0 和 θ_r 最低，因此该电池在过热的情况下是最易受损的。对于 NMC 电池单体而言，θ_0 和 θ_r 值较高。而 LFP 电池的转变温度明显比两种金属氧化物电池单体（LCO/NMC 和 NMC）高。所以在热失控之前，LFP 电池能够承受最高的温度。

两种金属氧化物电池单体都表现出以上三个阶段（加热、准指数加热、快速热失控）。相对来说，LFP 电池的热失控没有明显的准指数加热阶段，因而 LFP 电池很难找到 θ_0 和 θ_r 之间的明显区别，因此，LFP 电池没有给出 θ_r 值。

在热失控期间，电池单体产生大量的气体（见表 3.3）。产生气体的量很大程度上取决于电池的种类：LCO/NMC 电池产生的气体最多，NMC 电池次之，LFP 电池释放的气体最少。

在所有的实验中（见图 3.7），气体连续两次释放是显而易见的。

1. 第一次气体释放发生在快速热失控之前，电池的爆裂板打开，三种电池都会释放大约 20 mmol 的气体。

2. 第二次气体释放发生在快速热失控开始时，两种金属氧化物电池都会以较快的速率释放大量的气体（见图 3.8）。相比之下，LFP 电池单体会以较低的速度排放少量的气体。金属氧化物电池释放气体的时间都很短。NMC 电池仅在 0.2 s 内释放出大部分气体，而 LCO/NMC 电池需用 0.8 s。在释放气体后，较热的气体无法与反应装置的冷却器壁达到热平衡，这样随着气体与反应装置壁接触并冷却凝固，释放的气体量减少。对于 LFP 电池来说，第二次释放气体的持续时间大约为 30 s。因为释放的速度比较慢，LFP 电池反应释放的气体与反应装置壁能够达到较好的热平衡，气体冷凝效果并不那么明显。

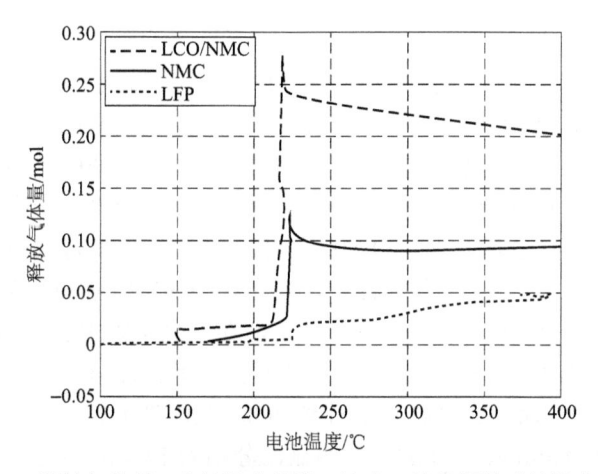

图 3.7 释放气体量－电池温度曲线，注意 x 轴是调整后的温度范围

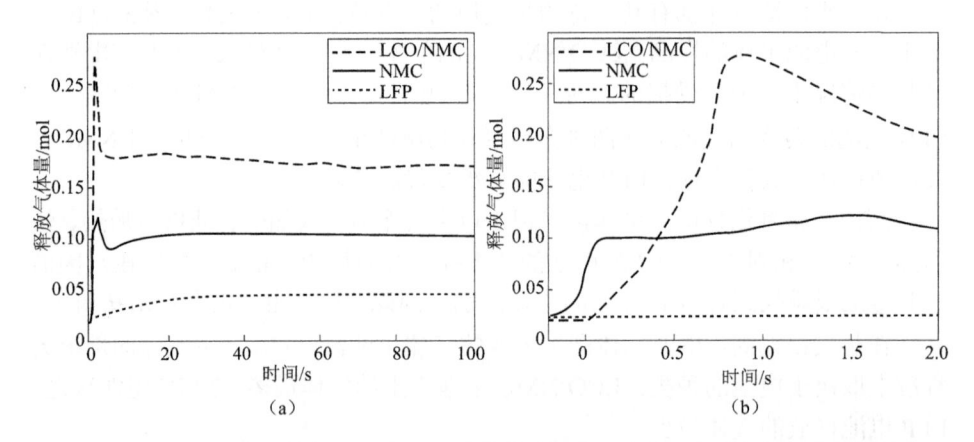

图 3.8 释放气体量-时间曲线。提示：为使曲线具有可比性，每种曲线都在时间轴上进行了平移，以便第二次排放能从时间零点开始。(a) 表示第二次放气时初始 100 s，(b) 表示第二次放气时初始 2 s

3.3.3 气体分析

对每种电池单体都要进行至少一次气体分析。每种电池都会有独特的气体成分（见图 3.6），其主要成分为 H_2 和 CO_2。两种金属氧化物电池都会产生大量的 CO，同时也有少量的 CH_4、C_2H_4 和 C_2H_6 气体。如前文提到的，没有检测到 HF。

排气中的大部分是易燃的，且因为 CO 的存在，气体可能有毒。

3.4 结　　论

本章对三种不同正极材料的消费类 18650 型锂离子电池分别进行了热失控实验评价。通过外部加热使电池单体产生热失控。所有的测试均在一个密闭的并充满氩气的反应装置中进行。与文献 [4] 一致，LFP 的电池表现出了最佳的安全特性。LFP 电池起始温度最高（约 195 ℃），热失控期间温升最小（约 210 ℃），产生气体总量最少（约 50 mmol），排气中的有毒气体 CO 百分比最低（约 4%）。但是，这种电池的工作电压最低（3.3 V），能量也最小（3.5 Wh）。具有较大能量（5.5 Wh 和 9.6 Wh）的电池在安全实验中表现不佳。在 NMC 和 NMC/LCO 电池单体实验结果中，热失控的起始温度降低到分别约 170 ℃和 150 ℃，在热失控期间温度剧烈上升到 500 ℃ 和 700 ℃，释放气体量分别达 150 mmol 和 270 mmol，CO 的含量明显，分别为 13%和 28%。

所有的电池都会释放出大量的 H_2 和烃类，这些气体极易燃。即使在反应装置内惰性气体环境不能燃烧,在试验期间也能使高能电池的表面温度达到805 ℃。

现代设备都具有监控电池温度与电压的功能。如果检测到超出设定范围的情况,设备将自动关机,以防电池的滥用[18]。如果在所有情况下,系统关机还不能防止热失控的发生,本章节所做研究的数据可以作为有价值的资料,进行性能鲁棒的能量存储系统设计,以抵御可以预见的电池滥用问题。

为了减少热失控对消费者的设备造成损失,我们提出以下优化设计建议:

(1) 提高使用材料的耐热能力和吸热能力。

(2) 尽可能减少传递到邻近的可燃元件的热量。

(3) 尽量减少气体着火的可能性(例如,电气元件与气体排放口进行机械隔离)。

这项实验表明,热失控过程的动力性很大程度上取决于锂离子电池的能量。今后的工作将侧重于不同 SOC 时过热触发的热失控以及过充电触发的热失控,重点也分别放在 HF 气体逸出的评价、GC-MS 进行气体分析以及冷凝器中残留液体的分析。

致谢

作者非常感谢由奥地利联邦交通、创新和技术部(BMVIT),奥地利联邦经济、家庭和青年部(BMWFJ),奥地利研究促进署(FFG),施蒂里亚州及施蒂里亚商业促进局(SFG)等机构发起的"COMET K2—奥地利卓越技术能力中心计划"提供的资金资助。

我们对支持该科研项目的同事表示感谢,包括格拉茨电子显微镜与格拉茨技术大学、化学工程和环境技术研究所。

本章"热失控—单体层面的原因和结果"取自原文章"Thermal-runaway experiments on consumer Li-Ion batteries with metal-oxide and olivin-type cathodes" RSC Advances, 4 (7), 3633. doi:10.1039/c3ra45748f,(2014), by A. W. Golubkov, D. Fuchs, J. Wagner, H. Wiltsche, C. Stangl, F. Gisela, G. Voitic, A. Thaler, and V. Hacker——复制得到英国皇家化学学会的允许。

参考文献

1. Abraham D, Roth EP, Kostecki R, McCarthy K, MacLaren S, Doughty D (2006) Diagnostic examination of thermally abused high-power lithium-ion cells. J Power Sources 161 (1): 648–657. doi: 10.1016/j.jpowsour.2006.04.088, http://linkinghub.elsevier.com/retrieve/pii/S0378775306006768

2. Belov D, Yang MH (2008) Investigation of the kinetic mechanism in overcharge

process for Li ion battery. Solid State Ionics 179 (27–32): 1816–1821. doi: 10.1016/j.ssi.2008.04.031, http: //linkinghub.elsevier.com/retrieve/pii/S0167273 808003858

3. Chen Z, Qin Y, Ren Y, Lu W, Orendorff C, Roth EP, Amine K (2011) Multi-scale study of thermal stability of lithiated graphite. Energy Environ Sci 4 (10): 4023. doi: 10.1039/c1ee01786a, http: //xlink.rsc.org/?DOI=c1ee01786a

4. Doughty D, Roth EP (2012) A general discussion of Li ion battery safety. Electrochem Soc Interface 21 (2): 37–44. http: //www.scopus.com/inward/record.url?eid=2-s2.084867753898 & partnerID=40&md5=19382decb891d60f-28ef1049fca727ea

5. Doughty DH, Roth EP, Crafts CC, Nagasubramanian G, Henriksen G, Amine K (2005) Effects of additives on thermal stability of Li ion cells. J Power Sources 146 (1–2): 116–120. doi: 10.1016/j.jpowsour.2005.03.170, http: //linkinghub.elsevier.com/retrieve/pii/S0378775305005057

6. Jhu CY, Wang YW, Shu CM, Chang JC, Wu HC (2011a) Thermal explosion hazards on 18650 lithium ion batteries with a VSP2 adiabatic calorimeter. J HazardMater 192 (1): 99–107. doi: 10.1016/j.jhazmat.2011.04.097, http: //www.ncbi.nlm.nih.gov/pubmed/21612866

7. Jhu CY, Wang YW, Wen CY, Chiang CC, Shu CM (2011b) Self−reactive rating of thermal runaway hazards on 18650 lithium-ion batteries. J Therm Anal Calorim 106 (1): 159–163. doi: 10.1007/s10973−011−1452−6, http: //link.springer.com/10.1007/s10973−011−1452−6

8. Jhu CY, Wang YW, Wen CY, Shu CM (2012) Thermal runaway potential of $LiCoO_2$ and Li (Ni1/3Co1/3Mn1/3) O_2 batteries determined with adiabatic calorimetry methodology. Appl Energy 100: 127–131. doi: 10.1016/j.apenergy.2012.05.064, http: //linkinghub.elsevier.com/retrieve/pii/S0306261912004655

9. Lee KS, Myung ST, Kim DW, Sun YK (2011) AlF_3-coated $LiCoO_2$ and Li [Ni1/3Co1/3Mn1/3] O_2 blend composite cathode for lithium ion batteries. J Power Sources 196 (16): 6974–6977. doi: 10.1016/j.jpowsour.2010.11.014, http: //linkinghub.elsevier.com/retrieve/pii/S0378775310019208

10. Maleki H, Deng G, AnaniA, Howard J (1999) Thermal stability studies of Li-ion cells and components.J Electrochem Soc 146 (9): 3224. doi: 10.1149/1.1392458, http: //link.aip.org/link/?JES/146/3224/1&Agg=doi

11. Nagasubramanian G, Orendorff CJ (2011) Hydrofluoroether electrolytes for lithium-ion batteries: reduced gas decomposition and nonflammable. J Power

Sources 196 (20): 8604–8609. doi: 10.1016/j.jpowsour.2011.05.078, http: //linkinghub.elsevier.com/retrieve/pii/S0378775311011049

12. Nagaura T, Tozawa K (1990) Lithium ion rechargeable battery. Prog Batteries Sol Cells 9: 209

13. Ribière P, Grugeon S, Morcrette M, Boyanov S, Laruelle S, Marlair G (2012) Investigation on the fire-induced hazards of Li-ion battery cells by fire calorimetry. Energy Environ Sci 5 (1): 5271. doi: 10.1039/c1ee02218k, http: //xlink.rsc.org/?DOI=c1ee02218k

14. Roth EP, Orendorff CJ (2012) How electrolytes influence battery safety. Electrochem Soc Interface 21 (2): 45–49. http: //www.scopus.com/inward/record.url?eid=2−s2.084867822714&partnerID=40&md5=7ce53080e26e92d559c78118e5cd0e87

15. Tobishima S, Yamaki J (1999) A consideration of lithium cell safety. J Power Sources 81–82: 882–886. doi: 10.1016/S0378−7753 (98) 00240−7, http: //linkinghub.elsevier.com/retrieve/pii/S0378775398002407

16. Wen CY, Jhu CY, Wang YW, Chiang CC, Shu CM (2012a) Thermal runaway features of 18650 lithium-ion batteries for LiFePO4 cathode material by DSC and VSP2. J Therm Anal Calorim 109 (3): 1297–1302. doi: 10.1007/s10973−012−2573−2, http: //link.springer.com/10.1007/s10973− 012−2573−2

17. Wen J, Yu Y, Chen C (2012b) A review on lithium-ion batteries safety issues: existing problems and possible solutions. Mater Express 2 (3): 197–212. doi: 10.1166/mex.2012.1075, http: //openurl.ingenta.com/content/xref?genre=article&issn=2158−5849&volume=2& issue=3&spage=197

18. Zhang ZJ, Ramadass P (2012) Encyclopedia of sustainability science and technology. Springer, New York. doi: 10.1007/978−1−4419−0851−3, http: //link.springer.com/10.1007/978−1−4419−0851−3

第4章

与应用相关的电池建模：从经验建模到机理建模方法

Franz Pichler, Martin Cifrain

摘要：数学建模与仿真一直是电池领域研究和开发必不可少的组成部分。根据具体的目的，可以采用不同的建模方法，每种方法都有自身的优势，比如在计算速度或机理的认知深度方面。本章概述了常用的电池建模方法，并介绍了用于大容量电池单体仿真的多尺度技术。

关键词：电池，物理建模，等效电路建模，多尺度

4.1 引 言

电池模型可以用来描述和预测电池的性能，使用一个有效的模型通常会显著降低实验成本。从原理上看，电池模型包括一个或多个数学方程。电池模型的复杂程度从一个参数的简单模型关系到非常复杂机理的三维模型，其中包括涉及许多参数的偏微分方程，其中有些参数甚至是各向异性的。显然，计算量随模型复杂程度的增加而急剧增大。因此，为满足特定要求，精心选择模型阶次是非常必要的。

第 4 章　与应用相关的电池建模：从经验建模到机理建模方法

4.2　经 验 模 型

最简单的也是最早的电池模型只有一个方程，它描述了一种直观的关系，而一般不考虑所研究电池的任何物理特性。这种模型也被称为"黑箱模型"。一个典型的例子是依据铅酸蓄电池的电解液密度 ρ 计算其荷电状态（SOC）。根据测量值（图 4.1 中的点）可以直接得到最佳拟合线（见图 4.1 和图 4.2 中的实线）。

$$\text{SOC} = 606.84\rho - 680.42 \tag{4.1}$$

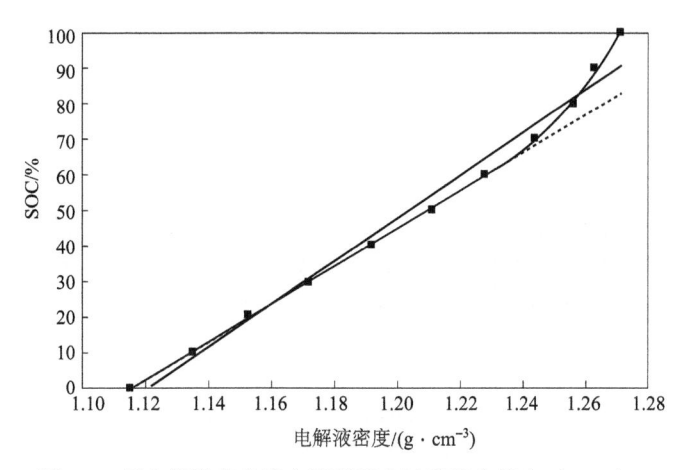

图 4.1　用电解液密度确定铅酸蓄电池的荷电状态（SOC）：
点是测量值[11]，线是经验模型方法（见本章）

从模型误差图（见图 4.2）可以看出，除了 SOC 为 100% 的情况，其余情况下的误差都小于 5%（绝对值）；虽然该模型简单，计算迅速，但有改进的空间。首先，模型的有效范围可以减小，例如用线性化方法建立适用于 SOC 为 0～70% 范围的模型。其结果如下（见图 4.1 和 4.2 中的虚线）：

$$\text{SOC} = 537.31\rho - 599.69 \tag{4.2}$$

在所定义的范围内，该模型能得到较好的结果（误差≤1%），但 SOC 超过 80% 时就失效了。因此，当电池的 SOC 不超过 80% 时可以使用这个模型。其次，可以提高模型的阶次，例如使用二次项：

$$\text{SOC} = 1565.5\rho^2 - 3138\rho + 1554.9 \tag{4.3}$$

增大模型复杂程度的优点是可以在整个范围内得到更好的近似关系（见图 4.1 和图 4.2 中的点线）。

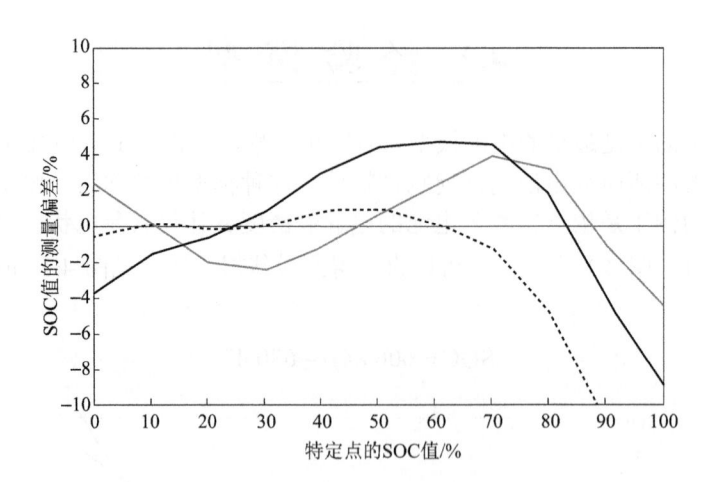

图 4.2 误差曲线图（与图 4.1 相关）

黑箱模型通常不提供电池单体内部机理的信息，但在给定范围内计算快速且准确。这个简单模型对比的主要目的在于让读者意识到正确选择模型的重要性。六阶模型的最大误差为 1%，但这个模型在实际中很少应用，甚至电解液密度的测量误差已经超过了这个最大误差（如图 4.1 中点的误差）。这种情况对于其他更复杂的建模方法也一样。

4.3　等效电路模型

研究表明，电池的特性在某种程度上，特别是动态负载期间，类似于包含电阻和电容的电子电路（见电化学阻抗谱（EIS）[5]）。因此，通过等效电路，运用已知的电子电路关系对电池的电流/电压特性建模已经成为非常普遍的方法。这些所谓的 RC 模型一般很简单，但对电池内部的机理知之甚少。虽然有些参数如电容的两块极板（电极）和电解液电导率的欧姆内阻等可归入单体的物理状态，但 RC 模型仍被认为是经验模型。

图 4.3 所示的等效电路模型是比较常用的方法。图中的前两部分一个是电压源、一个是内阻，电压源模拟电池开路电压，内阻模拟电路接通时产生的欧姆压降。这个电路的主要部分是 RC 电路，每个 RC 电路都有阻抗。

$$Z_{RC} = \frac{R}{1+\omega^2 R^2 C^2} - i\frac{\omega R^2 C}{1+\omega^2 R^2 C^2} = Z' + iZ'' \quad (4.4)$$

式中，ω 为电路中的交流（AC）电压角频率，Z' 和 Z'' 为阻抗的实部和虚部。角频率与电压的交流电频率 v 的关系为 $\omega = 2\pi v$。图 4.4 所示为锂离子电池的奈奎斯特（Nyquist）图（见 4.3.1 节）。这类图广泛用于表示电池单体动态特性，

第 4 章 与应用相关的电池建模：从经验建模到机理建模方法

也可表示不同角频率下的阻抗实部与虚部。图的左下部分（细实线）是一个标准的半圆形，这正是由单个 RC 电路产生的。半圆的最高点对应频率 $\omega = \dfrac{1}{RC}$，且其直径恰好等于电阻 R。

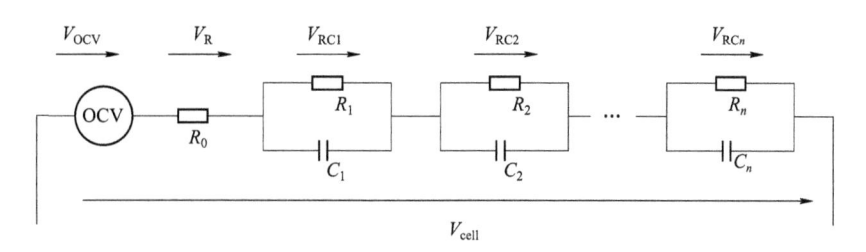

图 4.3 电池单体电特性建模的通用等效电路

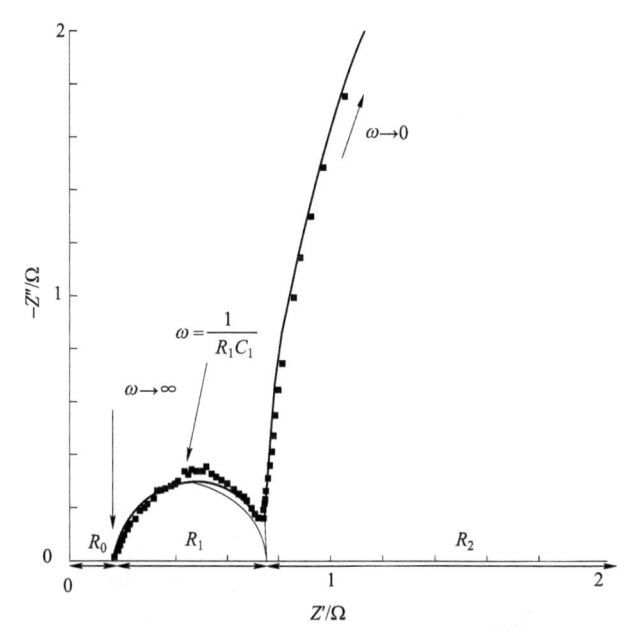

图 4.4 用 EIS（点）测量和二阶 RC 模型计算（实线）的锂离子电池单体的奈奎斯特图

如上所示，建立电池的等效电路模型的方法之一是简单地利用电池的奈奎斯特图去拟合模型参数（$R_i, C_i, i = 1, \cdots, n$）。图 4.4 中点表示电化学交流阻抗谱测量[5]的奈奎斯特图，其中锂离子电池单体通过逐渐增大交流电频率（2 Hz～2 kHz）来模拟。每一个 RC 电路对应一个半圆（只要电容量大小显著不同），可以发现等效电路中至少要有两个 RC 电路。水平轴上距零点处的偏移量是欧姆内阻（R_0）。小半圆通常认为是电极反应。测量曲线没有显示出是一个完整的圆,这表明有不止一个 RC 电路,但拟合的效果相当不错。较大半圆用来模拟扩散过程,扩散过程可以由一个名为"瓦尔堡(Warburg)阻抗"的大半圆或 45°直线建模。尽管半圆在水平轴上的位置由电阻决定,但圆之间谷的深度是由电容的比值决定的(比值越大,谷越深)。由于最高点处圆的角频率等于 $\frac{1}{RC}$,所以电容的绝对值可以计算出来。

这些参数高度依赖于温度、电池的 SOC 和电流幅值等的量值。因此,需要对很多加载点执行上述步骤来获得参数,从而建立多维表,该表可列出所有考虑的影响量值对 RC 参数的决定作用。

完成查表法所需的表之后,可以使用插值方法动态调整参数以获得仿真中实际加载点的值。

4.4 机理模型

经验模型和 RC 模型都没有关注电池单体运行时内部的物理过程。在电池的开发和优化方面的研究中,机理模型(也称为电化学(EC)模型或物理模型)是必不可少的,这些模型可以很容易演变为一个包含许多参数的高度复杂的模型。最近几十年报道了许多不同的方法,然而它们都试图描述电池持续过程中的耦合关系。

在大多数情况下,电化学电池由浸没在液体电解质中的两个不同的固体电极组成(见图 4.5)。电极形成系统特定的平衡电极电位,其测量值就是电池电

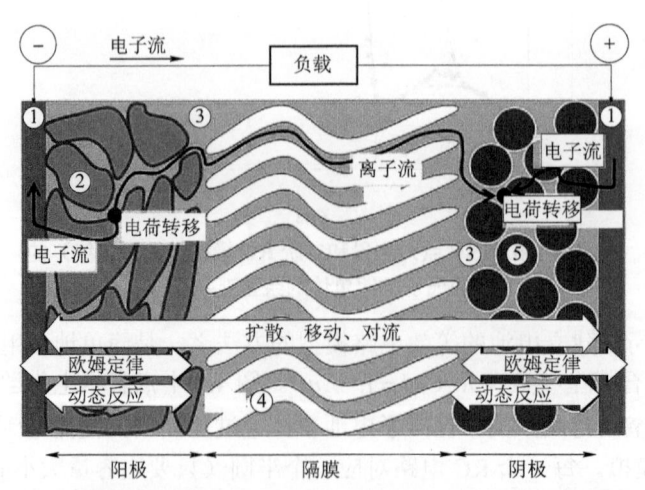

图 4.5 电池放电过程示意图(包括多孔电极和传输电荷的阳离子)

1—集流体;2—负极粒子;3—电解质;4—隔膜(如多孔塑料);5—正极粒子

压。此外，每个电极表面上会发生电荷转移反应（氧化还原反应），该反应将电荷传输介质从电子（在电极上）变为离子（在电解质中），或从离子变为电子。电子流动的特性符合欧姆定律，但离子流动表现出受控的扩散性。只要电池有活性还原物质和氧化物质存在，当连接负载时，电池就能够产生可用的电流。电池内的隔膜用来防止电极内短路。

因为详细的介绍超出本书的知识范围，下面仅介绍机理建模的主要方面。同样原因，偏微分方程（在本节和下一节（4.5 节））的边界条件和初始条件会直接给出，是考虑了它们在建模过程中起关键作用。关于电化学和机理建模的更多内容见文献 [2，3，7，8]。

4.4.1 电荷转移

在电极-电解质界面处，在电化学电势的作用下会发生电荷分离，直至达到平衡条件：

$$\text{还原物} \rightleftharpoons \text{氧化物} + \text{电子}$$

例如，锌

$$Zn \rightleftharpoons Zn^{2+} + 2e^- \tag{4.5}$$

平衡时，正反应的量（从左到右）等于逆反应的量。当电子（e^-）停留在电极上时，电解质溶解出离子。然而，由于静电作用力，离子停留在界面附近并形成一个起电容器作用的双电层。因此，电荷的分离在电极和电解质之间产生电位差 E^0（译者注：原书为 E_0），其值取决于系统的自由能 ΔG：

$$E^0 = -\frac{\Delta G}{nF} \tag{4.6}$$

式中，F 为法拉第常数（$\approx 96\,485$ C/mol），n 为反应方程中的电子数。这种关系称为法拉第定律。实际产生的电位差 E 取决于还原物和氧化物的离子浓度，分别是 c_{RED} 和 c_{OX}。如果二者之一是固体，则根据定义（彼此独立）c 等于 1。E 和 c 的关系就是能斯特（Nernst）方程：

$$E = E^0 - \frac{RT}{nF} \ln\left(\frac{v_{\text{RED}} c_{\text{RED}}}{v_{\text{OX}} c_{\text{OX}}}\right) \tag{4.7}$$

式中，R 为气体常数（≈ 8.314 J·mol^{-1}·K^{-1}）；T 为温度（K）；v_{RED} 和 v_{OX} 表示活性系数，对于极稀溶液等于 1。

在第二个电极发生同样的过程，但由于材料不同而产生不同的化学反应，所以电位差不同。两个电位的电位差就是单体平衡电压（也叫开路电压，OCV），这个电压可在两电极处测量。对许多具有金属电极的电池而言，式（4.7）是放电时电压降低的原因。在负极，c_{OX} 不断上升，E_{anode} 也因此增加。在正极，c_{OX} 在消耗，相应的 E_{anode} 下降。电池总电压（$V = E_{cathode} - E_{anode}$）降低。如果总电压下降的足够大，开路电压可以用来确定电池的荷电状态。

当外接负载时，电子开始从负极向正极移动（见图4.5）。负极（阳极）上缺少电子引起消耗还原物质的化学反应，以达到新的平衡，而相反的化学反应发生在正极（阴极）。产生的电流大小 I 取决于电位移 η（也称为超电势，单位为 V）、反应速率，一般用电流密度 i_0（A/m²）表示。对于电极 x，这种关系由巴物勒-伏尔默（Butler-Volmer）公式定义：

$$I_x = A_x i_0 \left[\exp\left(\frac{\alpha_{a,x} n_x F \eta_x}{RT}\right) - \exp\left(-\frac{\alpha_{c,x} n_x F \eta_x}{RT}\right) \right] \quad (4.8)$$

式中，A_x 为内置电极活性表面积（m²）；α_a 和 α_c 分别是负极方向（由左至右）和正极方向（由右至左）的化学反应的对称系数，这些系数都是用过渡态理论推导的，通常设置为 0.5，表明完全对称。一侧的总电流由负载确定，如果负载是电阻，电流遵循欧姆定律（$I = V/R$）；另一侧的总电流取决于电极 x 和 y 上的化学反应，从而

$$I = i_x = i_y \quad (4.9)$$

并且

$$V = E_x - E_y - (\eta_x - \eta_y) \quad (4.10)$$

4.4.2 离子转移

通常，在电解质中的电荷仅仅通过单一种类的离子转移，如锂离子电池中的 Li^+ 或镍氢电池中的 OH^-。上面所说的电池中的反离子，如 PF_6^- 和 K^+，虽然不参与化学反应，但是提供中性离子。活性离子在一个电极中产生而在另一个电极消耗，引起电解液产生浓度梯度，这是通过反离子跟随活性离子循环实现的。扩散、迁移和对流的转移机制不断地减小浓度梯度。对流发生在有较大电解液隔舱的系统中，如铅酸电池系统或有液体电解质的燃料电池，但电池的开放空间通常太小而不能实现良好的对流。迁移是指离子在电极间电场中的转移。溶剂分子一般围绕在离子周围起到屏蔽作用，这种效应不是很大。然而，在靠近超电位（如高倍率充电期间）的峰值附近，电场变得非常强，尤其是在这些峰值处引起离子减少，使锂枝晶大量产生。

锂离子主要的转移机制是扩散。忽略缓慢移动的反离子对离子可能造成的障碍，能斯特-普朗克（Nernst-Planck）方程描述的扩散率为

$$\frac{\partial a_i}{\partial t} = \nabla \cdot \left(D_i \nabla a_i + \frac{zF}{RT} D_i a_i \eta \right) \quad (4.11)$$

式中，$a_i = \gamma_i c_i$ 表示离子 i 的活性，D_i 表示扩散系数。

4.4.3 电子转移

在电极和集流体中，电荷通常由电子传输。对于电子电流，欧姆定律描述了这个过程：

$$-\nabla \cdot (\sigma \nabla \phi) = 0 \tag{4.12}$$

式中，σ 为电导率，ϕ 为电势。虽然集流体一般由固体金属组成，但低电导率（如铅酸电池中的铅栅）或者很小的厚度（如锂离子电池中 10 μm 厚的铜箔）会显著地增加总内阻。

4.4.4 多孔电极

为了提高内表面积 A_i，电池制造商在他们的电池产品中使用多孔活性层，如图 4.5 所示。虽然这对电荷转移率有积极的影响，但它阻碍扩散：粒子越小，电流交换越大，但物质转运越差。A_i 是方程（4.8）中的参数 A_x，离子转运方程（4.11）包含扩散系数 D_i。早在 1935 年，布鲁格曼恩（Bruggemann）就提出了一个计算 $D_{i,\text{eff}}$ 有效值的经验方法：

$$D_{i,\text{eff}} = D_i \varepsilon_i^{brug_i} \tag{4.13}$$

式中，i 为关注的材料（负极、正极、隔膜）；ε_i 表示孔隙度；$brug_i$ 表示布鲁格曼恩系数，对于球形颗粒通常设置为 1.5。换句话说，ε_i 代表电解质比率，而 $brug_i$ 表示粒子的弯曲程度。

此外，同样的方法也可以用于求固相的电导率（σ_i）和液相的电导率（κ_i），其中第一种情况 ε_i 代表了多孔材料固体部分的孔隙率：

$$\sigma_{i,\text{eff}} = \sigma_i \varepsilon_i^{brug_i} \tag{4.14}$$

$$\kappa_{i,\text{eff}} = \kappa_i \varepsilon_i^{brug_i} \tag{4.15}$$

另一种方法是利用三维结构开发和流动特性计算，但这种方法更加复杂。换一个角度看，这种方法最大的优势就是能够计算任何形式的粒子。

4.4.5 嵌入

除了上述方面，锂离子电池技术还有一个特殊的特征：离子嵌入。与大多数其他类型的电池相比，活性离子（Li^+）并不是沉积在电极表面，而是嵌入基质材料内部。对于负极材料，通常选择石墨；而对正极来说，可以选择许多金属氧化物和金属磷酸盐。4.4.1 节描述了离子浓度如何影响电池电压，进而影响电池的放电程度（荷电状态），由此可假设电极未发生变化。就基质材料而言，这并不完全正确。根据离子嵌入（和脱嵌）机理，我们可以区分能量控制系统和熵控制系统两种类型的基质材料。

例如，在石墨或许多氧化物等的能量控制系统中（见图 4.6），所有粒子平行地填充且在基质材料里，活性离子的"浓度"（c_s）不断增大。例如石墨（C_6）最多可以占锂（LiC_6）离子浓度 1/6 的摩尔比率，锂含量通常在 0～1 之间，可写为 Li_xC_6，0<x<1 且连续。对于石墨，c_s 和 x 呈线性关系：

$$c_s = \frac{x \cdot \rho_C}{6 \cdot M_C} \approx 30x \tag{4.16}$$

式中，c_s 的单位为 mol/L，ρ_C 为石墨密度（$\approx 2.2 \times 10^3 \, g/L$），$M_C$ 为石墨的摩尔质量（$\approx 12.01 \, g/mol$）。因此，粒子的最大浓度为 $c_{s,max} \approx 30 \, mol/L$。固体中颗粒的扩散过程也可用扩散系数 D_s 和径向坐标 r（假设是球形微粒）表示：

$$\frac{\partial c_s}{\partial t} = \frac{1}{r^2} \frac{\partial}{\partial r}\left(D_s r^2 \frac{\partial c_s}{\partial r}\right) \tag{4.17}$$

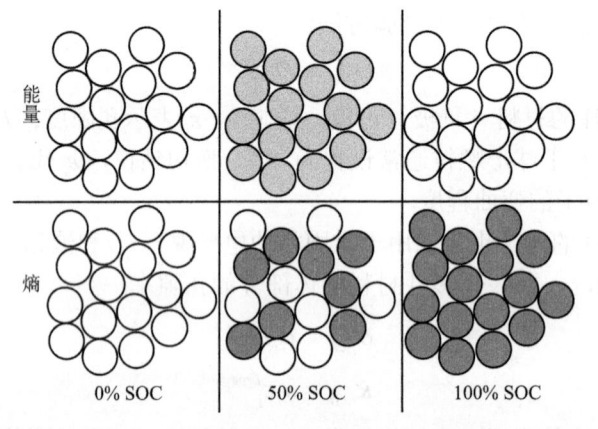

图 4.6 不同荷电状态下的粒子示意图，上面一排表示能量控制，下面一排表示熵控制

在锂离子电池中，电解液中锂离子 Li^+ 的总浓度（c_L）保持一致（平衡状态），因此，荷电状态和相关电势 E_i 仅仅取决于固体中锂的浓度。

在熵控制系统（如图 4.6 下面一排所示），颗粒依次填充，使集电体产生混合电势。这些系统往往表现出平坦的放电曲线（电压与荷电状态或电压与平均锂浓度），磷酸铁锂就是一个例子。一些简单的建模方法通过空粒子填充率来描述开路电压的依存关系，这些方法假设粒子体积很小且扩散率非常小。还有一些更精细复杂的方法，这些方法利用了卡恩-希利亚德（Cahn-Hilliard）方程或基质材料的晶体学特征，从而支持锂离子向一个、两个或三个方向扩散

(分别对应一维、二维或三维材料[10])。

4.4.6 生热

热量是电池工作产生的副产品,大部分情况下并不需要(能量损耗)。电池温度升高可以加速老化和使电池安全处于临界状态,所以必须使用冷却策略来避免电池温度升高。生热通常由能量平衡来建模,包括外部加热或冷却、电流所导致的发热和化学反应发热或冷却。热方程一般写成

$$\rho c_p \frac{\partial T}{\partial t} = \nabla \cdot (\lambda \nabla T) + f \qquad (4.18)$$

式中,ρ 为密度,c_p 为热容,λ 为热导率,f 为热源之和。此时,假设热交换只是通过传导实现,而且由右侧(傅里叶定律)第一项所涵盖。电流引起的热量(焦耳热)表示为

$$f_{Joule} = \sigma \nabla \phi \cdot \nabla \phi \qquad (4.19)$$

由化学反应生热也可以用类似的关系计算:

$$f_{react} = I\eta \qquad (4.20)$$

式中,I 为交换电流(见式(4.8)),η 为超电势。这里非常简单的方法可以用更复杂的描述进行修改,考虑随着温度(如阿伦尼乌斯(Arrhenius)公式)变化或类似塞贝克(Seebeck)效应/帕尔贴(Peltier)效应或索雷特(Soret)效应引起开路电压漂移和传导率的变化。

4.4.7 电池老化

另一个重要领域是电池老化建模。通常,电池容量的衰减和内部电阻的增加是学者们感兴趣的问题。使用类似于4.2节模型的经验或半经验的方法来描述老化效应。此外,试图通过更大规模的实验考虑多个影响因素,并由此建立一个统计模型(见文献[9]),仍然是经验方法。老化机理模型在物理特性(4.4.1节~4.4.5节)的基础上增加了修正时变参数。然而,大多数情况下,很难获得选择性的量化基础参数和老化机理。

4.5 大尺度建模

在建模过程中的特定点,电池组的一维切面可能是不够的。特别是电池单体、电池模块和电池包的优化设计,迫切地需要三维仿真。在三维仿真中,最常见的方法是依赖计算网格,该方法把仿真域的三维结构绘制为有限数量节点(坐标点),使仿真对象适合计算机算法。例如,在有限元法中,一个三维结构可以分解为简单的几何体,如四面体、棱锥体和六面体。计算成本随着添加到

网格的节点增加而增加。

这些元件布置的约束条件是，一般它们的表面必须描绘出不同材料的边界、界面和物理特性的差异。例如，工业用锂离子电池模块由数个电池单体封装在一起（见图4.7（a）），呈层状结构（见图4.7（b）），彼此堆叠、菱形卷绕或圆柱形卷绕形成"果冻卷"。这种结构通过层层分解可以使集流体和电池堆分别具有相应的材料特性，然而，由于堆叠层的数量庞大，需要相当大的运算量。

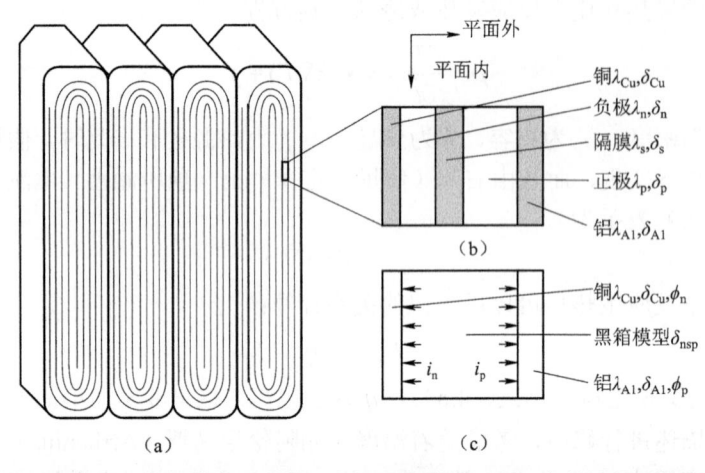

图4.7 （a）电池模块示意图；（b）叠层结构；（c）电特性的黑箱法

在这种情况下，我们期待这个圆柱形层叠卷绕材料的性能均匀化。均匀化意味着要按比例放大方程，既可以对物理量的小尺度变化进行平均，也允许在较粗的计算网格上解析仿真域。这种方法使圆柱形层叠卷绕材料的几何解析与堆叠层的数目和相应的几何边界无关。域的材料特性代表层叠材料的所有组成部分具有平均的或均匀的特性。

4.5.1 热特性

下面介绍具有分层的电池单体中热方程均匀化的一个简单例子。

假设下面的过程是一个重复性结构，如图4.7（b）所示。在文献[4]中，可以找到均匀化的严格数学推导过程，这里只给出一个直观的论证。

现在的目标是均匀化热方程（4.18），并推导均匀化方程的形式：

$$\widehat{c_p \rho \hat{T}_t} - \nabla \hat{\lambda} \nabla \hat{T} = \hat{f}, \quad x \in \Omega \tag{4.21}$$

其中，$\Omega \subset \mathbb{R}^3$ 是层叠卷绕材料的三维域；算子 $\hat{\bullet}$ 描述均匀化的数量，这里指层叠复合材料的平均值，而不是分别求解每种材料的改变。本书称这些量为有效值。对于只包含平行层的层叠卷绕材料的中间部分，由于堆叠结构不改变，可以引入空间常数 $\hat{\lambda}$。对于弯曲的部分来说，这并不符合实际，弯曲的部分在平

第4章　与应用相关的电池建模：从经验建模到机理建模方法

面内和平面外的定义取决于在层叠卷绕材料中的位置。显然，层叠卷绕材料在平面内和平面外方向上的平均热传导性是不同的，如图4.7（b）所示。因为可能产生的热流要穿过连续不断的层，所以在平面外的热阻可比作串联电阻的电路（见图4.8（a））。因此，单层结构的区域电导率 G^o（单位 Sm）由该材料电导率 λ（单位 Sm^2）及它的厚度 δ 决定。

$$G^o_{\text{layer}} = \frac{\lambda_{\text{layer}}}{\delta_{\text{layer}}} \tag{4.22}$$

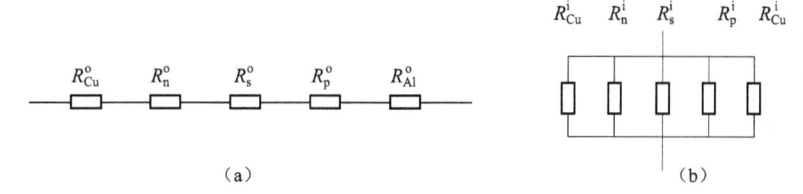

图 4.8　电极堆叠的 RC 等效电路热模型

串联电阻的总区域电导率是由每个电阻的电导率调和平均计算得到的，这样

$$G_{\text{stack}} = \left(\sum_{\text{textlayer}} \frac{1}{G_{\text{textlayer}}} \right)^{-1} \tag{4.23}$$

如果 L 是整个叠层的厚度，可以推导电导率

$$\lambda^o_{\text{stack}} = L \cdot G = L \left(\sum_{\text{layer}} \frac{\delta_{\text{layer}}}{\lambda_{\text{layer}}} \right)^{-1} \tag{4.24}$$

这是精确的电导率的加权调和平均。由于热流将平行穿过结构层，平面方向可以类似地比作一组并联电阻（见图4.8（b））。基于等效电路，可以很容易推导出堆的比电导率作为单一层的电导率的加权算术平均：

$$\lambda^i_{\text{stack}} = \frac{1}{L} \sum_{\text{layer}} \delta_{\text{layer}} \lambda_{\text{layer}} \tag{4.25}$$

应注意到，单一层的平面内电导率随着其厚度的增加而增大，与平面外电导率随着厚度增加而减小的情况相反。总的来说，若假设电池单体处于 x 轴的平面外方向上，这种各向异性的特性可以由扩散张量来描述：

$$\hat{\lambda} = \begin{bmatrix} \lambda^o_{\text{stack}} & 0 & 0 \\ 0 & \lambda^i_{\text{stack}} & 0 \\ 0 & 0 & \lambda^i_{\text{stack}} \end{bmatrix} \tag{4.26}$$

显然，这两例的层状结构，在两种极端情况下的有效均匀电导率问题已经解决。理论表明，具有相同体积分布的任意几何形状结构，产生的有效电导率介于其组成部分的算术加权平均值和调和加权平均值之间。

有效容量 $\widehat{c_p\rho}$ 与典型层叠结构的几何形状无关，是各组成部分的算术平均按其体积分数加权：

$$\widehat{c_p\rho} = \sum_i V_i c_{pi} \rho_i, \tag{4.27}$$

式中，i 表示层叠结构的组成部分，V_i 表示体积分数。

4.5.2 电特性

为了实现电池单体的电特性均匀化，提出了负极和正极电流分布的假设，即在层叠卷绕材料中任一点的集流体所对应的负极和正极电流密度是彼此反对称的。这里，反对称意味着在正集流体任一点的正极电流是负集流体上对应点处负极电流的相反值。与较低电极电导率相比，高电导率的金属箔片集流体验证了这个假设。

根据这一假说，在集流体金属箔片的电势可以由下面的一组方程模拟：

$$\begin{aligned} -\nabla \cdot \sigma_{Cu} \nabla \phi_n &= 0, & x &\in \Omega_{Cu} \\ -\nabla \cdot \sigma_{Al} \nabla \phi_p &= 0, & x &\in \Omega_{Al} \\ \sigma_{Cu} \nabla \phi_n &= i, & x &\in \Gamma_{Cu} \\ \sigma_{Al} \nabla \phi_p &= -i, & x &\in \Gamma_{Al} \end{aligned} \tag{4.28}$$

式中，i 表示集电极与电极接触面处 Γ_{Cu} 和 Γ_{Al} 的电流密度，σ 表示各自材料的电导率，ϕ_n 和 ϕ_p 为电势对。

把两个集流体金属箔片之间的特性放入黑箱模型中，如图 4.7（c）所示，根据上面已介绍的过程，派生出一系列的方程组：

$$\begin{aligned} -\nabla \cdot \hat{\sigma}_{Cu} \nabla \hat{\phi}_n &= \hat{i}, & x &\in \Omega \\ -\nabla \cdot \hat{\sigma}_{Al} \nabla \hat{\phi}_p &= -\hat{i}, & x &\in \Omega \end{aligned} \tag{4.29}$$

这一步使集流体金属箔片不再用几何方式来区分，所以计算域得到了高度简化。由于空间离散不再需要解析层叠卷绕材料的各单独层，尽管还是通过电势对（$\hat{\phi}_p$，$\hat{\phi}_n$）来区分正负电势，但是其运算成本已得到大幅降低。因此，方程组（4.29）表示一个连续域，域中的每个点都有正、负电势，正、负电势代表了在这个宏观点上的典型电极叠层处的电势对。有效电导率的计算遵循热传导方程，两个金属箔片之间电绝缘差异引起垂直于叠层方向上的电导率为零。因此在层叠结构的平行方向上，电导率为

$$\hat{\sigma}_{Cu} = \begin{bmatrix} 0 & 0 & 0 \\ 0 & \sigma_{Cu}^i & 0 \\ 0 & 0 & \sigma_{Cu}^i \end{bmatrix}, \hat{\sigma}_{Al} = \begin{bmatrix} 0 & 0 & 0 \\ 0 & \sigma_{Al}^i & 0 \\ 0 & 0 & \sigma_{Al}^i \end{bmatrix} \tag{4.30}$$

4.5.3 分布式微结构建模

如何计算模型中式（4.21）和式（4.29）里的源项 $\hat{f}$（发热）和 $\hat{i}$（电流密度）是尚未解决的问题。当然，这主要由叠层的电化学部分所选择的黑箱模型决定。然而，问题是如何将微观模型与宏观模型联系起来。非均匀多尺度方法（HMM）[1]的思想和 Kim 等[6]的工作结合构成以下思想的基础。

对于电流密度，微观的电流密度 i 和宏观的电流密度 $\hat{i}$ 有一个简单的关系式：

$$\hat{i} = A_e i \tag{4.31}$$

式中，A_e（单位为 $\dfrac{m^2}{m^3}$）是集流体金属箔片表面积与电池单体体积之比。这意味着所收集的单位面积电流（A/m^2）是把集流体金属箔片面积折算为单位体积电流源（A/m^3）。既然黑箱模型对每个单位体积的热源 $\hat{f}$ 的贡献已经计算出来，就没有必要折算了。式（4.21）和式（4.29）表明，层叠卷绕材料上的每一个点 x 处，关于源项 f 和 i 的信息需要计算宏观电势和温度分布。只有最简单的模型考虑源项对电势对（$\hat{\phi}_p$，$\hat{\phi}_n$）和温度 T 的影响，这一点在式（4.21）和式（4.29）中有明确的说明。

按非均匀多尺度方法，可以建立一个分布式的微结构模型来代替过于简单的黑箱模型。这意味着，需要知道每一个点处的源项信息（宏观节点，见 4.5 节），黑箱模型的微仿真才可以进行，能够计算出宏模型的源项，而宏模型依赖于宏观变量。

此外，通过对任意选择的仿真微观结构点集和数值网格的点集之间的信息进行插值，使得进行仿真的微结构所在的点可以与宏观数值网格的点解耦。

这样，就建立了一个由模型和子模型组成的分层结构，使得电极的微观结构与层叠卷绕材料的宏观结构结合在一起，减小了运算量，并使整个电池模块和电池包的仿真细节可调。

致谢

作者非常感谢由奥地利联邦交通、创新和技术部（BMVIT），奥地利联邦经济、家庭和青年部（BMWFJ），奥地利研究促进署（FFG），施蒂里亚州及施蒂里亚商业促进局（SFG）等机构发起的"COMET K2—奥地利卓越技术能力中心计划"提供的资金资助。

本研究成果得到了欧盟第七框架项目(FP7/2007—2013)的资金资助，项目号为 266090（SOMABAT）。

参考文献

1. Abdulle A, Weinan E, Engquist B, Vanden-Eijnden E (2012) The heterogeneous multiscale method. Acta Numer 21:1–87. doi:10.1017/S0962492912000025
2. Bard AJ, Faulkner LR (2001) Electrochemical methods-fundamentals and applications, 2nd edn. Wiley, New York
3. Hamann C, Vielstich W (2005) Elektrochemie. Wiley, New York. http://books.google.at/ books?id=TLXeAAAACAAJ
4. Hornung U (1997) Homogenization and porous media. Interdisciplinary applied mathematics.Government Printing Office, Washington, U.S
5. Kauffman GB (2009) Electrochemical impedance spectroscopy (Mark E. Orazem and Bernard Tribollet). Angewandte Chemie Int Ed 48(9):1532–1533. doi:10.1002/anie.200805564
6. Kim GH, Smith K, Lee KJ, Santhanagopalan S, Pesaran A (2011) Multi-domain modeling of lithium-ion batteries encompassing multi-physics in varied length scales. J Electrochem Soc 158(8):A955–A969. doi:10.1149/1.3597614
7. Linden D, Reddy T (2002) Handbook of batteries, 3rd edn. McGraw-Hill, New York
8. Newman J, Thomas-Alyea KE (2004) Electrochemical systems, 3rd edn. Wiley, Hoboken. doi:ISBN:978-0471477563
9. Prochazka W, Pregartner G, Cifrain M (2013) Design-of-experiment and statistical modeling of a large scale aging experiment for two popular lithium ion cell chemistries. J Electrochem Soc 160(8):A1039–A1051. doi: 10.1149/2.003308jes, http://jes.ecsdl.org/content/ 160/8/A1039.full.pdf+html
10. Safari M, Delacourt C (2011) Mathematical modeling of lithium iron phosphate electrode: Galvanostatic charge/discharge and path dependence. J Electrochem Soc 158(2):A63–A73. doi:10.1149/1.3515902
11. The Engineering ToolBox (2013) Data downloaded at the 26.09.2013. Online, http://www. engineeringtoolbox.com/lead-acid-battery-d_1544.html

第 5 章

锂离子电池老化研究分析方法

Sascha Weber, Sascha Nowak, Falko Schappacher

摘要：电池的寿命是电池研究中必须予以关注的一个重要问题。电池的寿命会随着电池内发生的物理的和化学的老化过程而缩短，而老化过程则受使用方式和周围环境（如温度）的影响。为了研究电池老化问题，必须从微观层面分析电池材料并与电测试的数据相关联。本章将介绍对电池进行老化试验的组合分析方法。

关键词：锂离子电池，老化，分析方法

5.1 引 言

目前，锂离子电池（LiBs）是公认的便携式储能领域（如手机、相机和笔记本电脑）中的尖端技术。由于锂离子电池的质量能量密度和体积能量密度都很高，而且随着对电极材料研究的不断深入，具有进一步提高功率和安全性的可能，所以对消费者而言，锂离子电池在电动汽车领域的应用将会发挥更重要的作用。

5.1.1 锂离子电池的工作原理

典型的锂离子电池由两个电极（负极和正极）和浸泡在有机电解液中的隔膜组成，电极则采用涂敷有金属箔（集流体，铜或铝）的复合材料，整个电池密封隔绝空气。复合电极通常由作为锂离子嵌入化合物的活性物质、优化电子

导电性的导电剂以及将这些物质黏合在一起的黏合剂组成。负极通常使用的活性材料为石墨,而正极通常使用钴酸锂(LiCoO$_2$)等过渡金属氧化物。

锂离子电池的工作原理基于所谓的"摇椅"机理,如图5.1所示。充电时,由于外部电流的作用,锂离子从正极迁移到负极;放电时,锂离子从负极迁移至正极,电池向外输出电流。有机电解质含有导电锂盐(如LiPF$_6$),以提供离子导电性。电极/电解质界面具有多种表面化学特性而非惰性。尤其在负极上,有机电解质会发生分解反应,进而形成由有机和无机化合物组成的表层膜,这就是所谓的固体电解质相界面(SEI)。对于这个基本原理的更详细信息,请参阅参考文献[30,31]。

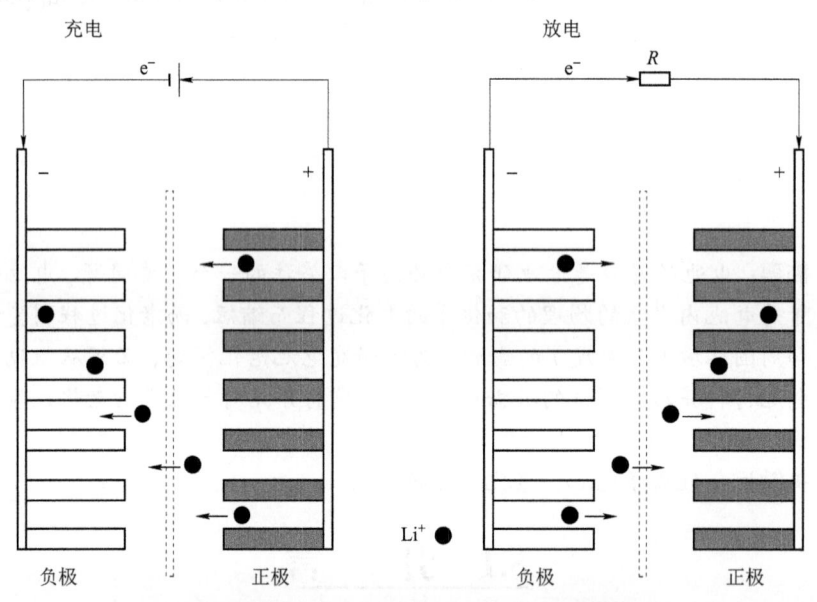

图5.1 锂离子电池工作原理示意图,为降低复杂性没有显示SEI膜(译者注:固体电解质相界面)

5.1.2 锂离子电池的老化

电池容量随着使用时间的延长而衰减,被称为电池老化,是目前锂离子电池技术存在的主要问题之一。理论上,必须区分两种类型的老化:日历寿命(或称储存寿命)描述电池静置阶段(在一定储存条件下)的老化效应,而循环寿命是在有电流通过的条件下(如电池使用期间)所产生的所有老化效应。实际上,由于电池的使用方式不同,循环寿命与日历寿命难以区分,共同引起了复杂的老化特性。

第 5 章　锂离子电池老化研究分析方法

由于锂离子电池使用了多种元件，在特定电池中全面探明可能的老化机理几乎是不可能的。然而，可以从相关文献中找到一些普遍的规律。图 5.2 描述了与负极有关的老化机制概况。在电池加工的过程中，伴随着电解质的分解就开始形成固体－电解质相界面（SEI）。随后，SEI 发生了转化和溶解的过程。此外，石墨的层状结构因碳剥落而遭到破坏。

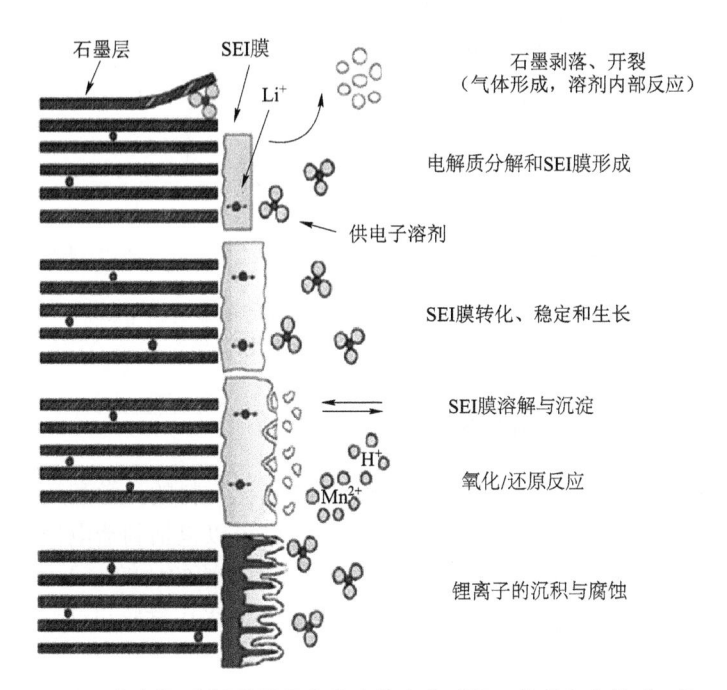

图 5.2　在负极/电解质界面上发生的老化过程（转载自文献［26］图 1，2005 年获得 Elsevier 版权许可）

如图 5.3 所示，正极的老化与活性材料的结构变化、电极衰退有更大关系，电极衰退表现为接触面损失、微裂缝和导电粒子的氧化。

Barré 等发表的评论文章[2]列举了三个主要的老化机理：

（1）活性锂的损失，源于 SEI 的生成和转化反应以及其他的副反应。
（2）活性电极材料的损失，源于材料的溶解、粒子分离和结构退化。
（3）电阻的增大，源于电极内部的接触损耗以及电解质的退化。

要在微观层面上分析明白电池的老化，不是电池电阻测量所能实现的，必须开发和应用新的分析方法以测量老化的影响。此外，必须开发新的方法以确保电池材料的无污染提取。本章深入探究几种合乎标准的研究电池老化机理的分析方法的可行性。然而，每一种方法都有其局限性，为满足特定样本的要求，必须对具体的方法进行调整。

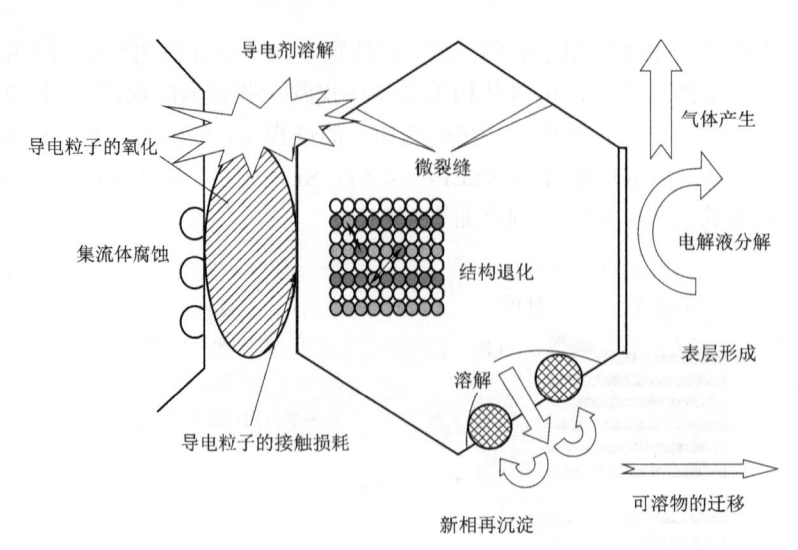

图 5.3　正极材料基本老化机理概述（转载自文献［26］图 2，2005 年获得 Elsevier 版权许可）

5.1.3　锂离子电池研究

一般来说，老化研究是通过对比新材料和老化材料的化学和物理特性进行的。根据所研究的电池材料是否容易获得，其中可以包括制造电极粉末的原材料与新电极的比较，生产商生产的新电池和老化电池的比较。正如 Prochazka 等[17]在文献中所述，为了获得电池的统计数据，应采用试验设计法（DOE）开发载荷谱，其中包括其他影响因素（如温度）。

图 5.4 所示为一个老化试验的通用流程，考虑了从电池制造商获得原材料

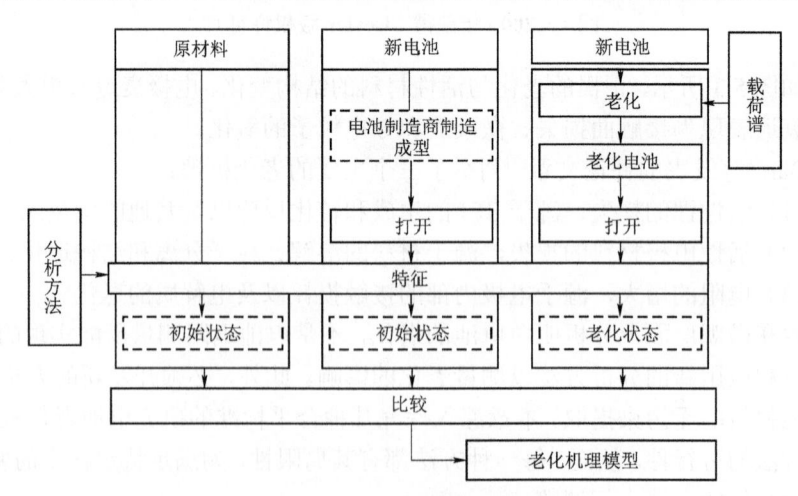

图 5.4　典型老化试验流程

的可能性。前两列表示初始状态，大多数情况下应考虑到一个电池制造商不能提供所有的原材料；第三列表示对电池施加载荷谱后所得到的老化状态。

5.2 电池材料的提取

从电池中提取材料以用于分析的工作流程可分为几个步骤。首先，电池必须处于安全状态，即通常按照电池制造商推荐的规程将电池完全放电。

5.2.1 打开电池

打开锂离子电池是非常危险的，只能由专业人士完成，任何小的失误都可能导致着火甚至爆炸。在打开电池的过程中，在附近准备一个液氮杜瓦（Dewar）瓶以扑灭小火并使系统冷却。

在打开任何一个电池之前，必须清楚电池的内部设计，以防止在打开电池的过程中电池短路或发生危险。电池的 X 射线照片可显示电池内部构造中非常有用的信息。一般情况下，锂离子电池有三种形状和外壳：圆柱形硬壳电池、方形硬壳电池和方形铝层软包电池。由于锂离子电池包含对水和空气极敏感的材料（如广泛使用的导电盐 $LiPF_6$），所以打开电池的过程需在惰性气体环境下进行。

在手套式操作箱中，使用陶瓷刀和陶瓷剪刀可以很容易打开软包电池。此时，在打开电池的过程中电池材料不易受到污染。但是对于硬壳电池来说，由于磨损而产生的灰尘对电池内部材料的污染是非常棘手的问题。因此，必须设计出可在手套式操作箱内使用且可打开电池的程序和工具，而且只允许产生粗磨粒，机械车间里的小型工具（如车削机床可打开圆柱形硬壳电池）就是不错的选择。

5.2.2 电解质的提取

直接从电池中提取电解质是非常少见的。通常，在电池内没有液体残留，而且电解质会附着在电池不同组分表面，必须用不同的方法提取。一种选择是用合适的溶剂漂洗，最理想的是这些溶剂不会留在电解质混合物中。这种方法的缺点是稀释因子高，从而导致分解产物和/或添加剂的含量低于所使用的分析方法检测限值。此外，电池的固体部分也会被溶解，从而影响后续的测量。

从电池中提取电解质的一种新方法是使用超临界二氧化碳。该方法比溶剂提取法更快捷、更具选择性、更高效[20,22]，而且省去了样品预浓缩和清理过程[6]。此外，通过流式实验可以提高回收率，但提取物中导电盐的浓度依赖于所提取材料的吸附性能,因此,超临界二氧化碳的方法适用于从电池的其他组件分离电解质。

5.2.3 电极取样

因电池设计的不同,可选择不同的电极取样方法。在常见的实验类型电池(电池或小软包电池)中,电极面积过小而不足以提取空间分布的样本。当处理较大的电池(如卷绕式或层叠式)时,需要从卷绕电极样品的开始处、中间处和结尾处提取样本。

根据分析需要,洗涤是必要的。其原因是,举个例子来说,如果样品需要在空气中进行处理,残留的导电盐分解会严重污染样品。

采用 X 射线光谱分析的实验(见 5.3.1 节)表明,不同的清洗步骤对 SEI 的影响不同。将商用石墨负极置于氩气中,然后将其浸泡在碳酸二甲酯(DMC)1 s 或 1 min。比较未洗过的样品和两个洗过的样品(见图 5.5),清洗后 SEI 的有机部分(如 R–CH$_2$OCO$_2$Li)没有了,而无机物 Li$_2$CO$_3$ 仍留在表面上。Niehoff 等[13]使用溅射深度剖析进行了详细的研究,结果显示负极 SEI 膜的厚度和结构详细信息可以在未洗的样品中得到。

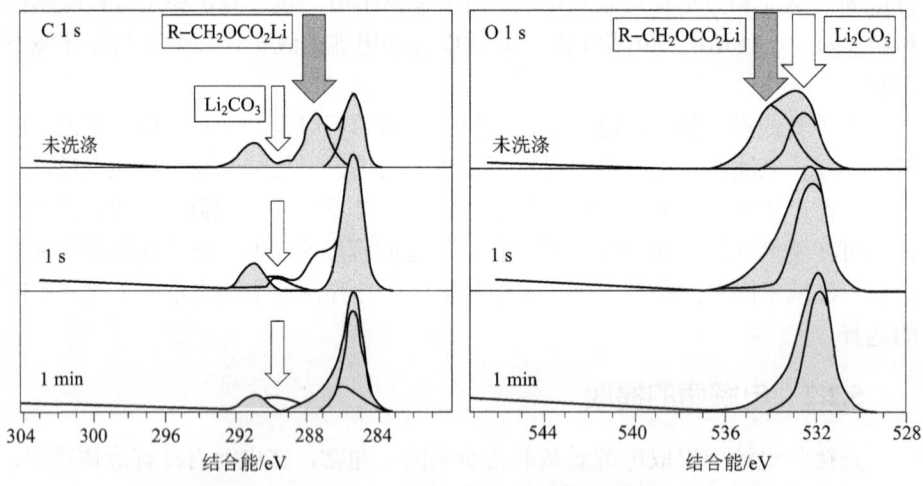

图 5.5 显示石墨负极上 SEI 的 C 1 s 和 O 1 s 核心扫描的 XPS 光谱,分别是未洗、碳酸二甲酯(DMC)洗 1 s 和 1 min。获得的无机成分 Li$_2$CO$_3$ 和有机成分 R–CH$_2$OCO$_2$Li 引起的信号变化分别用白色和灰色箭头显示。

这种方法在样品处理过程中避免了可能与空气接触造成的污染,节省洗涤步骤的同时保护了 SEI。对于其他分析方法,可以进行全面详细的前期研究确定是否有必要洗涤样品。

5.3 电极的分析

研究电极老化时面临两个重要的问题：杂质以及循环过程中的各种反应。由于生产过程中的杂质残留对锂离子电池的性能造成负面影响[35]，如降低循环稳定性和能量密度，所以电池材料必须尽可能去除杂质。杂质或金属离子可能在充放电过程中溶解到电解质中[34]，损坏 SEI 膜或任一电极。另一个造成性能下降的离子/杂质的根源就是集流体，如铝的腐蚀[36]。

5.3.1 X 射线光谱（XPS）

锂离子电池性能很大程度上取决于 SEI。在负极和正极形成的 SEI 可以保护电池，防止进一步衰退[3,16,28,29,33]。SEI 的形成取决于电池用的活性材料和电解质[7,9,18,19,27,32]。为分析锂离子电池老化机理，SEI 结构和组成特点应予以关注。XPS 是一种分析表面元素的方法，可提供深度在 3 nm 范围内的信息，也是可以直接分析锂的少数几种方法之一。使用溅射深度剖析 XPS（SDP-XPS）可以研究 SEI 的厚度、结构和组成[13]。

5.3.2 扫描电子显微镜（SEM）和能量色散 X 射线光谱仪（EDX）

SEM 是一种基于图像的方法，也是研究锂离子电池老化效应非常有用的工具。低倍率时对电极表面进行全面扫描。由于黏合剂脱裂引起的电极开裂可以很容易观察到，在高倍率时，可以研究电极材料。为了能够观察到 SEI 或黏合剂，选择合适的加速电压非常重要。高加速电压时，有机结构如 SEI 或黏合剂可能无法被观察到，甚至可能被电子束损坏。图 5.6 所示为在 50 000 倍（内置图）和 100 000 倍的放大倍率下石墨基负极的老化图像。图 5.6 中的内置图显示了石墨的层状结构。直径约 40 nm 的球形颗粒是典型的类似超导电炭黑 Super P®Li 的导电剂。100 000 倍放大倍率下的图像表明 PVDF 基黏合剂的网状结构以及在电池循环充放电期间生成的 SEI。

能量色散 X 射线光谱仪（EDX）分析 SEM 期间发射的 X 射线，可分析样品的元素或化学特征[5]。如图 5.7 所示，利用 EDX 能够分析明显的颗粒或区域，甚至对整个区域进行表征。EDX 图像显示，正极有两种不同的活性材料。此外，单个粒子的 EDX 表明不同活性材料的组成：$LiNi_{0.5}Mn_{0.3}Co_{0.2}O_2$ 和 $LiCoO_2$。

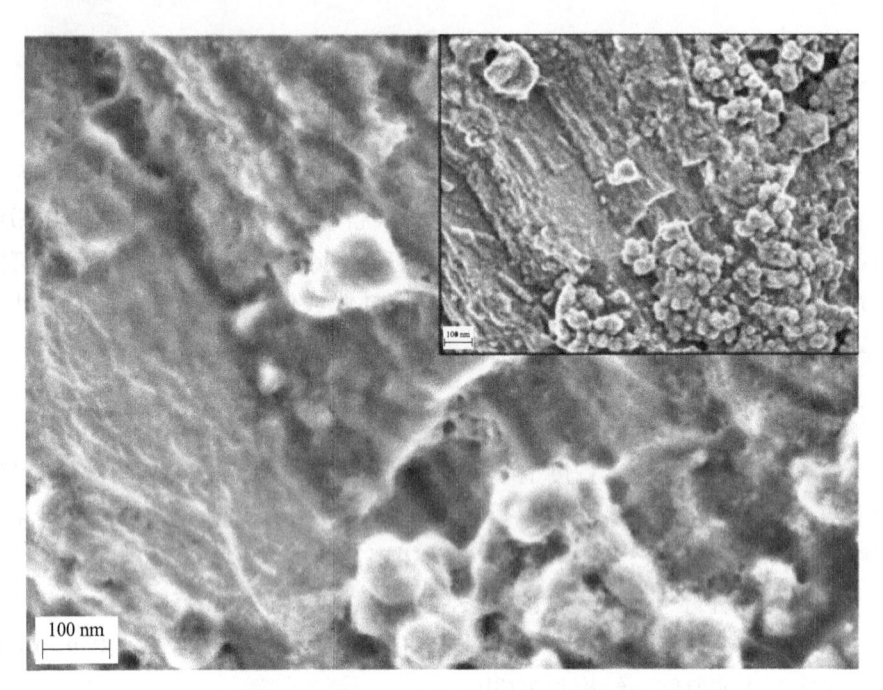

图 5.6　加速电压为 1 kV 和放大 100 000 倍条件下拍摄的
石墨基负极 SEM 图，内置图像放大 50 000 倍

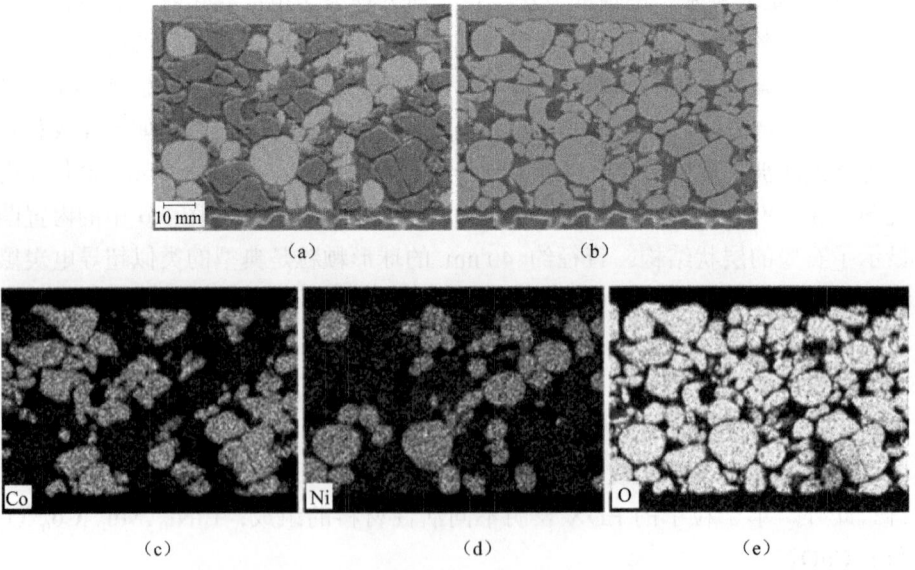

图 5.7　正极横截面的 EDX 图谱。图（a）是混合的 EDX 信号，浅色表示
$LiNi_{0.5}Mn_{0.3}Co_{0.2}O_2$，深色表示 $LiCoO_2$；图（b）表示横截面的电子
图像；图（c）～（e）分别是钴、镍和氧的 $K\alpha_1$ 线 EDX 信号

5.3.3 元素分析（ICP，TXRF）

使用电感耦合等离子体（ICP）技术或全反射 X 射线荧光（TXRF）技术可以观察电极表面上杂质的特定分布或电极表面的反应过程（特别是在大块材料中进行定量分析）。

5.3.4 拉曼光谱

拉曼（Raman）光谱可以用来研究石墨负极发生的石墨层剥落现象。如图 5.8 所示，高度有序的石墨拉曼光谱在 1 580 cm^{-1} 处有一个 G 带，这是面内对称 C–C 伸缩产生的[12]。石墨层剥落引起的晶体结构紊乱，导致碳环 sp^2 原子呼吸模式下在 1 350 cm^{-1} 处产生 D 带。Markevich 等[12]得出的结论表明，作为负极剥落程度的一个指标，两个带的积分强度之比与无序的程度有关，并可作为石墨负极剥落程度的指标。

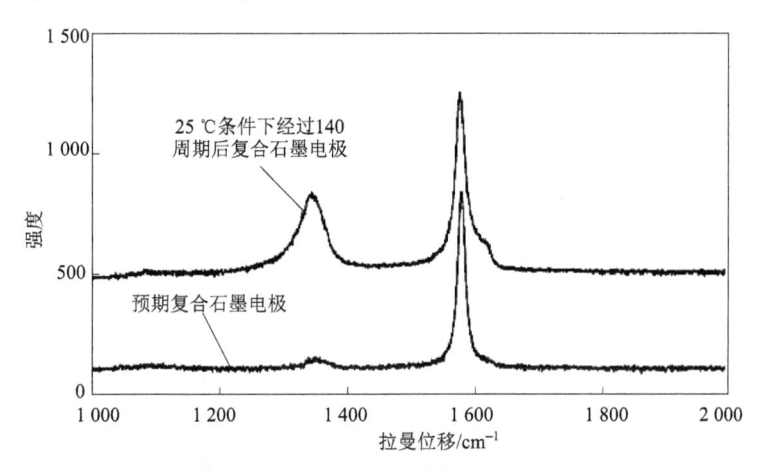

图 5.8 原始复合石墨电极和同一电极在 25 ℃时 1M LiPF$_6$ EC:EMC 1:2 的电解液经 140 个嵌入–脱嵌循环（10 μV/s）后的拉曼光谱
（转载自文献 [12] 图 3，2005 年获得 Elsevier 版权许可）

5.4 隔膜分析

隔膜的退化对锂离子电池的性能有非常大的影响。Norin 等[14]发现隔膜的退化影响着处于高温环境下的锂离子电池功率损耗，所有锂离子电池的离子电导率下降且原子力显微镜（AFM）显示其孔隙率也显著下降。他们得出结论，孔隙率的减小引起隔膜阻抗增大，从而造成离子电导率下降。此外，由于电解质分解导致隔膜孔隙堵塞，隔膜阻抗增大，进而引起电池阻抗的增大[8]。Peabody

等[15]研究了在充放电过程中因电极膨胀和收缩产生的外部应力和机械应力的影响。压力等机械应力可引起隔膜的黏弹性蠕变。这种黏弹性蠕变引起隔膜孔隙堵塞,进而增大电池阻抗,导致容量和功率损失。因此,分析隔膜的孔隙率、孔径大小和电阻对电池老化影响的研究是必要的。

扫描电镜(SEM)和原子力显微镜(AFM)是基于图像进行隔膜分析的工具。借助这些方法,可以分析隔膜的表面和一般结构,也可以分析孔的分布、结构和直径。

定量方法用于更准确地研究这些性能对锂离子电池老化的影响。

格力(Gurley)数 t_G 的测定是一种用于测量气体渗透性的定量方法[4,21],t_G 取决于隔膜的孔隙度(ε)、空隙尺寸(d)、厚度(l)和迂曲度(τ)。

$$t_G = 5.18 \times 10^{-3} \times \frac{\tau^2 \times l}{\varepsilon \times d} \tag{5.1}$$

隔膜的小孔会降低格力数,因此,为了获得可靠的结果,必须测量从同一个电池中提取的若干不同的样品。

麦克马伦(MacMullin)数(N_m)是电解质填充的隔膜的电阻(ρ_s)和电解质的电阻(ρ_E)之比[1,11]:

$$N_m = \frac{\rho_s}{\rho_E} = \frac{\tau^2}{\varepsilon} \tag{5.2}$$

另外

$$\rho_x = \frac{R_x \times A}{l} \tag{5.3}$$

式中,τ 为迂曲度,ε 为孔隙度,R_x 为测量的电阻,A 为样品面积,l 为膜的厚度。测量膜的电阻确定膜的渗透性比测量空气渗透性更精确[21]。

压汞法可用于确定原始和老化的隔膜孔隙度,与麦克马伦数一起,可以计算出膜的迂曲度。

5.5 电解质的老化

为了全面了解锂离子电池的有机电解质老化特性,必须采用多种分析方法。目前还没有可以同时检测离子化合物、有机化合物以及元素杂质的方法。结合本节所提出的各种分析电解质老化的方法,提出了电解质及所含导电盐的分解过程(见 5.6 节)。

5.5.1 气相色谱仪(GC)

借助气相色谱法,可以对电解质中的挥发性物质进行检测和识别,仪器通常是质谱仪（MS）或火焰离子化检测器（FID），有时两者同时使用。除了可以用上述仪器外，根据成分和目标化合物的不同，也可辅助使用如氮磷检测器（NPD）、热导检测器（TCD）或电子捕获检测器（ECD）等仪器。此外，使用顶空进样技术[25]，可以识别和计量附着在电极表面或混合到电极中的电解质残留。与其他仪器相比，质谱仪通常用于识别化合物，也可用于定量测量。图5.9所示为负极洗涤液的GC-MS色谱，其中检测出许多不同的化合物。

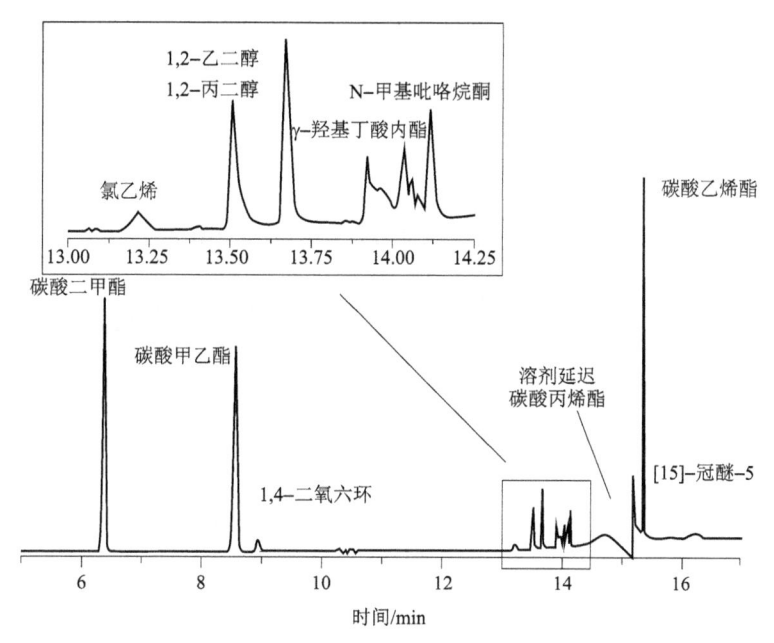

图 5.9　市场可买到的电极的负极清洗液的 GC-MS 色谱
（转载自文献［25］图 4，2014 年获得 Elsevier 版权许可）

5.5.2　离子色谱法（IC）

在电解质的研究中，离子色谱法可以有不同的使用方法。首先，该方法可用于测定卤化物元素（特别是氟）、碱和碱土金属的浓度。其次，离子色谱法与电喷雾电离质谱法（ESI-MS）结合使用，可以通过样品的质量电荷比（m/z）来识别未知的分解产物。因此，离子色谱法是一个表征各种电解质老化效果非常重要的工具[10,24]。

5.5.3 电感耦合等离子体发射光谱仪（ICP-OES）/全反射 X 射线荧光分析（TXRF）

ICP-OES/TXRF 可以用来检测电解质中的元素杂质，与离子色谱法相比，这两项技术特别适合于金属含量的测定。既定的特殊设置可以检测较高的有机物含量进行分析而不需要额外的稀释过程，根据样品的准确成分，径向 ICP-OES 系统优于轴向系统。若借助与基体匹配的参考标准，甚至可以获取定量信息。

此外，在没有可遵循标准时，尤其是在有分解产物的情况下，IC 与 ICP-OES 或 ICP-MS 结合可以提供有价值的定量信息。虽然 TXRF 只需要少量的电解质（5~10 μL），但是不能测量锂。因此该方法适用于确定金属杂质的转移量。

5.6 商用电解质的分解途径

结合上述所有的方法，就有可能提出一种电解质的分解过程。图 5.10 所示为导电盐 $LiPF_6$ 的分解途径。

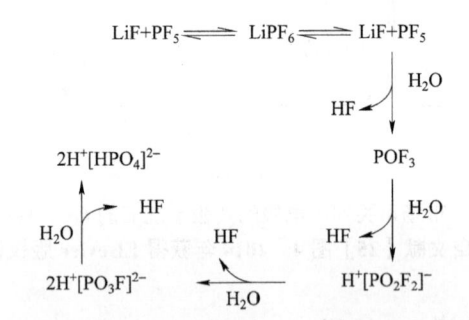

$$LiF+PF_5 \rightleftharpoons LiPF_6 \rightleftharpoons LiF+PF_5$$

$$\downarrow H_2O$$
$$HF \quad POF_3$$

$$2H^+[HPO_4]^{2-} \qquad \downarrow H_2O$$
$$\uparrow HF \qquad HF$$
$$H_2O \qquad HF$$
$$2H^+[PO_3F]^{2-} \xleftarrow{H_2O} H^+[PO_2F_2]^-$$

图 5.10 $LiPF_6$ 的分解途径（转载自文献 [23] 图 6，2012 年获得 Elsevier 版权许可）

图 5.11 所示为基于碳酸二乙酯和碳酸乙烯酯混合物的标准电解质分解途径。

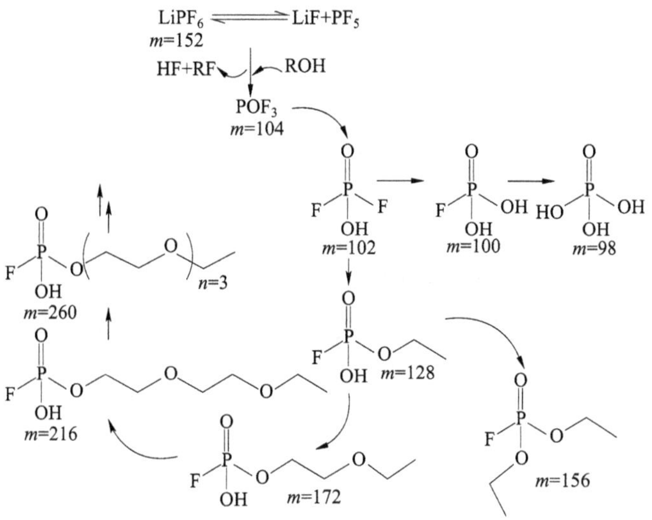

图 5.11　提出的 EC:DEC=3/7 电解液分解途径
（转载自文献 [24] 图 7，2013 年获得 Elsevier 版权许可）

5.7　定量测量

　　就锂离子电池老化影响而进行的定量测量并得到结果的需求是相当高的。由于定量的结果必须校准，进而取决于认证标准或参考材料的可用性和认证标准质量，所以新生成/未知的分解产物或混合物并不像溶液那样稳定，定量测量非常困难。

　　利用 ICP-OES，TXRF 或某些情况下的 IC（如卤化物）等进行元素分析是很容易的。对于每一种元素，都有一个或多个适用的标准。但由于标准溶液通常是水溶液，电解质或溶解的电极（如酸含量）的基体必须与之匹配；否则将得到不正确的结果，从而导致关于老化影响的错误结论。例外的是 LA-ICP-MS，由于可用的标准溶液通常由一个与电极不匹配的玻璃基体组成，因此必须制定新标准以获得定量信息。

　　对于大多数有机碳和添加剂而言，情况也一样。借助匹配标准和基体，混合物通过 GC 或 HPLC 测量进行定量。当没有可依据的标准时，特别是诸如 IC-ESI/MS 或 LC-ESI/MS 等组合技术，浓度不能定量甚至不能估计。一种解决方法就是色谱系统与 ICP-OES 或 ICP-MS 系统组合，借助这种组合和与目标混合物类似的混合物，可以获得定量信息。

　　综上所述，为研究锂离子电池老化影响，除了研发新技术和方法外，新标准材料和认证的参考物质也要进行开发，否则老化的准确影响不能从测试结果定量归纳出来。

致谢

作者非常感谢明斯特威斯特法伦威廉大学，北莱茵－威斯特法伦州能源、工业和经济事务部（MWEIHM），北莱茵－威斯特法伦州科学、研究和创新部（MIWF），德国联邦经济和技术部（BMWi），德国联邦教育与研究部（BMBF）提供的财政支持。Sascha Weber 同样非常感谢由奥地利联邦交通、创新和技术部（BMVIT），奥地利联邦经济、家庭和青年部（BMWFJ），奥地利研究促进署（FFG），施蒂里亚研究与发展促进会（SFG）等机构发起的"奥地利卓越技术能力中心计划（COMET K2）"提供的财政支持。

参考文献

1. Arora P, Zhang ZJ (2004) Battery separators. Chem Rev 104(10): 4419–4462.doi: 10.1021/cr020738u
2. Barré A, Deguilhem B, Grolleau S, Gérard M, Suard F, Riu D (2013) A review on lithium-ion battery ageing mechanisms and estimations for automotive applications. J Power Sources 241: 680–689. doi: 10.1016/j.jpowsour.2013.05.040
3. Besenhard JO, Winter M, Yang J, Biberacher W (1995) Filming mechanism of lithium-car bon anodes in organic and inorganic electrolytes. J Power Sources 54(2): 228–231. doi: 10.1016/ 0378–7753(94)02073–C
4. Callahan RW, Nguyen KV, McLean JG, Propost J, Hoffman DK (1993) In: Proceedings of the 10th international seminar on primary and secondary battery technology and application, Fort Lauderdale, Florida
5. Goldstein J, Newbury DE, Joy DC, Lyman CE, Echlin P, Lifshin E, Sawyer L, Michael JR (2003) Scanning electron microscopy and X-ray microanalysis, 3rd edn. Springer, New York
6. Grützke M, Mönnighoff X, Winter M, Nowak S (2013) Extraction of organic carbonate based electrolytes with supercritical carbon dioxide for a high efficient recycling of lithium-ion batteries. In: 224th ECS meeting, https://ecs.confex.com/ecs/224/webprogram/ Paper22925.html.Accessed 10 Sept 2013
7. Kohs W, Santner HJ, Hofer F, Schröttner H, Doninger J, Barsukov I, Buqa H, Albering JH, Möller KC, Besenhard JO, Winter M (2003) A study on electrolyte interactions with graphite anodes exhibiting structures with various amounts of rhombohedral phase. J Power Sources 119–121: 528–537. doi: 10.1016/S0378–

7753(03)00278-7

8. Kostecki R, Norin L, Song X, McLarnon F (2004) Diagnostic studies of polyolefin separators in high-power Li-ion cells. J Electrochem Soc 151(4): A522–A526. doi: 10.1149/ 1.1649233

9. Krämer E, Schmitz R, Niehoff P, Passerini S, Winter M (2012) SEI-forming mechanism of 1-Fluoropropane-2-one in lithium-ion batteries. Electrochim Acta 81: 161–165. doi: 10.1016/j. electacta.2012.07.091

10. Lux SF, Terborg L, Hachmöller O, Placke T, Meyer HW, Passerini S, Winter M, Nowak S (2013) LiTFSI stability in water and its possible use in aqueous lithium-ion batteries: pH dependency, electrochemical window and temperature stability. J Electrochem Soc 160(10): A1694–A1700. doi: 10.1149/ 2.039310jes

11. MacMullin RB, Muccini GA (1956) Characteristics of porous beds and structures. AIChE J 2(3): 393–403. doi: 10.1002/aic.690020320

12. Markevich E, Salitra G, Levi MD, Aurbach D (2005) Capacity fading of lithiated graphite electrodes studied by a combination of electroanalytical methods, Raman spectroscopy and SEM. J Power Sources 146(1–2): 146–150. doi: 10.1016/j.jpowsour.2005.03.107

13. Niehoff P, Passerini S, Winter M (2013) Interface investigations of a commercial lithium-ion battery graphite anode material by sputter depth profile X-ray photoelectron spectroscopy. Langmuir 29(19): 5806–5816. doi: 10.1021/la400764r

14. Norin L, Kostecki R, McLarnon F (2002) Study of membrane degradation in high-power lithium-ion cells. Electrochem Solid−State Lett 5(4): A67–A69. doi: 10.1149/1.1457206

15. Peabody C, Arnold CB (2011) The role of mechanically induced separator creep in lithium-ion battery capacity fade. J Power Sources 196(19): 8147–8153. doi: 10.1016/j.jpowsour.2011.05. 023

16. Peled E (1979) The electrochemical behavior of alkali and alkaline earth metals in nonaqueous battery systems-the solid electrolyte interphase model. J Electrochem Soc 126(12): 2047–2051. doi: 10.1149/1.2128859

17. Prochazka W, Pregartner G, Cifrain M (2013) Design-of-experiment and statistical modeling of a large scale aging experiment for two popular lithium ion cell chemistries. J Electrochem Soc 160(8): A1039–A1051. doi: 10.1149/ 2.003308jes

18. Santner HJ, Möller KC, Ivanc̆o J, Ramsey MG, Netzer FP, Yamaguchi S,

Besenhard JO, Winter M (2003) Acrylic acid nitrile, a film-forming electrolyte component for lithium-ion batteries, which belongs to the family of additives containing vinyl groups. J Power Sources 119–121: 368–372. doi: 10.1016/S0378-7753(03)00268-4

19. Santner HJ, Korepp C, Winter M, Besenhard JO, Möller KC (2004) In-situ FTIR investigations on the reduction of vinylene electrolyte additives suitable for use in lithium-ion batteries. Anal Bioanal Chem 379(2): 266–271. doi: 10.1007/s00216-004-2522-4

20. Song KM, Park SW, Hong WH, Lee H, Kwak SS, Liu JR (1992) Isolation of Vindoline from Catharanthus roseus by supercritical fluid extraction. Biotechnol Prog 8(6): 583–586. doi: 10.1021/ bp00018a018

21. Spotnitz R (2011) Separators for lithium-ion batteries. In: Daniel C, Besenhard J (eds) Handbook of battery materials, 2nd edn. Wiley–VCH, Weinheim, chap 20, doi: 10.1002/ 9783527637188.ch20

22. Stashenko EE, Puertas MA, Combariza MY (1996) Volatile secondary metabolites from Spilan-thes americana obtained by simultaneous steam distillation-solvent extraction and supercritical fluid extraction. J Chromatogr A 752(1–2): 223–232. doi: 10.1016/ S0021– 9673 (96) 00480–3

23. Terborg L, Nowak S, Passerini S, Winter M, Karst U, Haddad PR, Nesterenko PN (2012) Ion chromatographic determination of hydrolysis products of hexafluorophosphate salts in aqueous solution. Anal Chim Acta 714: 121–126. doi: 10.1016/j.aca.2011.11.056

24. Terborg L, Weber S, Blaske F, Passerini S, Winter M, Karst U, Nowak S (2013) Investigation of thermal aging and hydrolysis mechanisms in commercial lithium-ion battery electrolyte. J Power Sources 242: 832–837. doi: 10.1016/j.jpowsour.2013.05.125

25. Terborg L, Weber S, Passerini S, Winter M, Karst U, Nowak S (2014) Development of gas chromatographic methods for the analyses of organic carbonate-based electrolytes. J Power Sources 245: 836–840. doi: 10.1016/j.jpowsour. 2013.07.030

26. Vetter J, Novák P, Wagner MR, Veit C, Möller KC, Besenhard JO, Winter M, Wohlfahrt-Mehrens M, Vogler C, Hammouche A (2005) Ageing mechanisms in lithium-ion batteries. J Power Sources 147(1–2): 269–281. doi: 10.1016/j.jpowsour. 2005.01.006

27. Wagner MR, Raimann PR, Trifonova A, Moeller KC, Besenhard JO, Winter M

(2004) Electrolyte decomposition reactions on tin-and graphite-based anodes are different. Electrochem Solid-State Lett 7(7): A201–A206. doi: 10.1149/1.1739312

28. Winter M (2009) The solid electrolyte interphase-the most important and the least understood solid electrolyte in rechargeable Li batteries. Z Phys Chem 223(10–11): 1395–1406. doi: 10. 1524/zpch.2009.6086

29. Winter M, Besenhard JO (1999) Wiederaufladbare Batterien. Chem unserer Zeit 33(6): 320–332. doi: 10.1002/ciuz.19990330603

30. Winter M, Brodd RJ (2004) What are batteries, fuel cells, and supercapacitors? Chem Rev 104(10): 4245–4269. doi: 10.1021/cr020730k

31. Winter M, Besenhard JO, Spahr ME, Novák P (1998) Insertion electrode materials for recharge-able lithium batteries. Adv Mater 10(10): 725–763. doi: 10.1002/ (SICI)1521−4095 (199807)10: 10<725:: AID−ADMA725> 3.0.CO; 2−Z

32. Winter M, Imhof R, Joho F, Novák P (1999) FTIR and DEMS investigations on the electrore-duction of chloroethylene carbonate-based electrolyte solutions for lithium-ion cells. J Power Sources 81–82: 818–823. doi: 10.1016/S0378−7753(99)00116−0

33. Winter M, Appel WK, Evers B, Hodal T, Möller KC, Schneider I, Wachtler M, Wagner MR, Wrodnigg GH, Besenhard JO (2001) Studies on the anode/electrolyte interface in lithium ion batteries. Monatsh Chem 132(4): 473–486. doi: 10.1007/s007060170110

34. Yu DY, Donoue K, Kadohata T, Murata T, Matsuta S, Fujitani S (2008) Impurities in LiFePO4 and their influence on material characteristics. J Electrochem Soc 155(7): A526–A530. doi: 10. 1149/1.2919105

35. Zhang SS (2006) A review on electrolyte additives for lithium-ion batteries. J Power Sources 162(2): 1379–1394. doi: 10.1016/j.jpowsour.2006.07.074

36. Zhang SS, Jow TR (2002) Aluminum corrosion in electrolyte of Li-ion battery. J Power Sources 109(2): 458–464. doi: 10.1016/S0378−7753(02)00110−6

第 6 章

锂离子电池参数估计的贝叶斯推论

Matthias K. Scharrer，Heikki Haario, Daniel Watzenig

摘要：锂离子电池单体优化越来越重要，使用反映其基本电化学过程的电池模型有益于达到优化目的。这些电池模型通常计算费用高，难以利用优化方法反演。此外，由于噪声的影响，确定性优化方法对于参数不确定性不能提供有价值的信息。针对这方面的问题，贝叶斯（Bayesian）方法给出了可行的解决方案。本章首先回顾了参数估计的现状，随后简要介绍了贝叶斯模型，阐述了参数选择和先验建模方法，最后提出解决综合拟合问题的并行自适应马尔可夫链-蒙特卡罗方法。针对真实噪声数据进行了本章提出的马尔可夫链-蒙特卡罗方法的验证，并分别与独立应用的马尔可夫链方法、蒙特卡罗方法进行了比较验证。

关键词：参数估计，并行马尔可夫链-蒙特卡罗方法，锂离子电池单体模型

符号说明

A_i	内表面
$brugg_x$	布鲁格曼恩系数
C_{dl}	双电层容量
c_x	x 方向锂离子浓度
$c_{x,0}$	初始锂离子浓度
$\hat{D}_x$	扩散系数
D_x	有效扩散系数

第6章 锂离子电池参数估计的贝叶斯推论

$d_i(\boldsymbol{\theta})$	变量 θ_i 的基本效应
e	在 (0,1) 区间分布的随机数
F	法拉第常数
$f(\cdot, \boldsymbol{\theta})$	模型输出
F_i	θ_i 效应分布
$\bar{f}(\bar{\boldsymbol{\theta}})$	目标参数的模型输出
$i(t)$	电池单体电流密度
j_{BV}^*	巴特勒–沃尔默电流密度
k	交换电流密度和反应速率
$k_{\mathrm{a:c}}$	$k_\mathrm{a}/k_\mathrm{c}$ 的组合因子
n	样本数
$p(\boldsymbol{y}|\boldsymbol{\theta})$	似然函数
$q(\cdot|\boldsymbol{\theta}_n)$	参数建议分布
Q_1	Ω 的时空柱面
Q_1'	Ω' 的时空柱面
Q_2	Λ 的时空柱面
r	粒子径向坐标
R_0	$q(\cdot|\boldsymbol{\theta}_0)$ 的建议偏差
R_a	负极粒子半径
R_c	正极粒子半径
R_g	普适气体常数
R_n	样本 n 的 $q(\cdot|\boldsymbol{\theta}_n)$ 建议偏差
T	最终仿真时间
t_i	参考模型第 i 步的时间
t_j	模型测试第 j 步的时间
t_1^+	阳离子迁移数
u	模型未知量
U_OCV	平衡电势函数
$\boldsymbol{y}, y_i$	可测点集
z	转移电子数
α	电荷转移系数
$\alpha(\cdot, \bar{\boldsymbol{\theta}})$	接受概率
ε	测量误差
ε_x	x 相体积分数
$\varepsilon_\mathrm{l:s}$	组合因子 $\varepsilon_\mathrm{l}/\varepsilon_\mathrm{s}$

ε_{1+s}	组合因子 $\varepsilon_1 + \varepsilon_s$
ε_Σ	加至 R_n 的最小值
φ_x	x 相电势
η	j_{BV}^* 的过电位
$\hat{k}(c_l)$	离子电导率函数
$k(c_l)$	有效的离子电导率
Λ_a	粒子的负极域
Λ_c	粒子的正极域
Λ	正负极组合模型域
μ	样本均值
μ_1	迁移系数
Ω_a	负极模型域
Ω_c	正极模型域
Ω_s	隔膜模型域
Ω	全模型域
Ω'	正极和负极组合模型域
$\pi(\theta)$	先验概率
$\pi(\theta\|y)$	后验概率
σ	采样或测量噪声标准差
$\hat{\sigma}_s$	电子电导率
σ_s	有效电子电导率
θ	目标参数集
θ_0	初始参数值
θ_a	参数下限
τ	综合自相关时间
θ_b	参数上限
$\hat{\theta}$	建议参数
$\tilde{\theta}(\theta)$	转换参数
$\bar{\theta}$	目标参数
Θ	参数空间
ϑ	温度

6.1 简　　介

与内燃机汽车相比，纯电动汽车和混合动力电动汽车显然更环保。为提高

第6章 锂离子电池参数估计的贝叶斯推论

电池和控制策略的效率,掌握电池内部状态和材料特性参数变得越来越重要。内部状态是一个综合术语,包括抽象量(如荷电状态(SOC)、功能状态和健康状态)和物理量(如电势和浓度)。为了推断出那些不可直接测量获取的材料特性参数,物理量应尽可能用测量数据重建。

为描述锂离子电池单体的内部状态和过程,富勒(Fuller)等设计了一个一维耦合非线性偏微分方程(PDE)[2],随后又被纽曼(Newman)、托马斯-阿利亚(Thomas-Alyea)[5]和其他许多学者改进和扩展。该系统依据锂离子的传输方程、正负极活性粒子的相互化学作用和电子场计算,对锂离子电池单体进行内部状态和过程建模。在电极粒子表面上发生的电极动力学建模把这些方程耦合在一起。

参数估计技术仅关注非破坏性的方法(即不需要破坏性地打开电池单体)。这些方法进行参数估计是通过电池模型在给定电流作用下预测的输出电压与实验测量值进行匹配实现的。关于电池单体模型,这些研究需要测试高达50个参数。为了更好地了解模型特性,减少被测参数的数量,文献[7]提出了一种改进的"莫里斯一次一参数法"(MOAT)的参数筛选方法。

使用从参数筛选中获得的信息,选取建立相关参数的子集。考虑到这一子集的先验知识,然后把这些信息馈入马尔可夫链-蒙特卡罗(MCMC)方法。

这里通过最近的并行自适应采样方法来展示MCMC应用的三种情况,即无噪声时利用综合项进行参数及其不确定性估计,有噪声时参数不确定性估计和有噪声时不利用并行机制来估算参数不确定性。

本章其余部分的结构如下:6.2节概要介绍了参数估计;6.3节定义了电池单体模型的仿真流程,并简要总结了求解过程;6.4节概述了使用"莫里斯一次一参数法"进行参数筛选,以降低参数估计问题的复杂性;6.5节讨论了参数反演和测量误差影响问题。最后,应用统计方法定义了参数估计的求解算法。

6.2 反问题:变无形为有形

6.2.1 简介

测量的目的是获得所研究的系统或现象的信息。然而,我们感兴趣的参数量通常不能直接测量。更为困难的是,被测量的数据在某种程度上依赖于期望的参数量,或者至少包含关于参数量的部分信息。参数量和测量数据之间的关系可以用数学模型来描述。求解数学模型——根据给定输入计算模型的输出,称为正问题。然而,为了获得正确的模型预测结果,必须构建正确的模型并进行校准。利用测量获取的数据,重构实际关注的参数量称为反问题。粗略地说,反问题就是基于测量获取的数据结果来反演确定原因要素。

大多数科学是采用数据驱动这类方法。事实上，自然界中反问题无处不在。我们人类和其他所有动物的感官就是反问题求解的最好例子，蝙蝠在完全黑暗的环境中通过发射声波并接收回波来重构感知所处的环境，鲸鱼和海豚在海洋里以同样的方式可远距离定位猎物和捕食者，人类的大脑能够通过眼睛接收复杂散射的光波合成所处环境的实时影像。尽管在许多方面的研究远远落后于大自然，但将无形变有形的反问题研究在各个科学领域中不断取得进步。最典型的实例就是医学上的各种无损成像技术（如超声波、X射线、牙科断层扫描）以及工程中类似的无损方法，如电磁法探矿、安检成像技术或木材层析成像等。

一个较为受制约的数据驱动问题就是参数估计。此时，我们无须构建任何媒介的连续图像，而是通过使用测量数据去校准数学模型中的一些参数。为回顾标准设置，考虑如下非线性模型：

$$y = f(x, \boldsymbol{\theta}) + \boldsymbol{\varepsilon} \tag{6.1}$$

式中，y 为观测测量值，函数 $f(x, \boldsymbol{\theta})$ 为设计变量 x 和未知参数 $\boldsymbol{\theta}$ 的模型，$\boldsymbol{\varepsilon}$ 为测量误差。模型 f 的建立通常基于物理和化学的基本原理，求解正问题需要高级的数值方法和高效率的计算机。估算参数值的最常用方法就是最小二乘法，最小二乘法的准则是观测测量值与模型值差的平方和最小。

$$l(\boldsymbol{\theta}) = \sum_{i=1}^{n} [y_i - f(x_i, \boldsymbol{\theta})]^2 \tag{6.2}$$

实践中，对于大多数模型而言，可以使用计算软件包中的标准优化程序。然而，由于所有可用的数据都含有测量误差，在一定程度上所估计的未知量是不确定的。那么问题出现了：如果污染数据的测量噪声服从某种统计分布，那么利用估计程序获得的可能解服从什么分布？这个问题是统计反问题研究的核心。下面将讨论贝叶斯（概率）框架，对这个问题给出实际的解答。

然而噪声数据并不是建模中唯一的不确定性数据源。由于对所研究的现象不能充分理解，或者为降低 CPU 的计算量，只能估计数值近似误差，估算模型偏差的影响就更加困难。近年来的发展更专注于计算模型内不确定性的量化（UQ），在计算科学和工程领域尤为如此。

6.2.2 确定性方法：线性和线性化模型

对于线性模型，可以很容易确定参数估计的统计量。考虑一个具有 p 个变量的线性模型，$f(x, \boldsymbol{\theta}) = \theta_0 + \theta_1 x_1 + \theta_2 x_2 + \cdots + \theta_p x_p$，在点 $x_i = (x_{1i}, x_{2i}, \cdots, x_{ni})$（其中 $i = 1, \cdots, p$）处含有噪声的观测测量量为 $y = (y_1, y_2, \cdots, y_n)$。模型用矩阵形式表示为

$$y = X\theta + \varepsilon \tag{6.3}$$

式中，X 为设计矩阵，包含控制变量的测量值，考虑截断项 θ_0，增加了恒 1 列。想要推导最小化 $SS(\theta) = \|y - X\theta\|_2^2$ 的 LSQ 估计器的直接计算公式其实并不难，可以表示为正则方程 $X^T X\theta = X^T y$ 的解：

$$\hat{\theta} = (X^T X)^{-1} X^T y \tag{6.4}$$

通过计算协方差矩阵 $\mathrm{Cov}(\hat{\theta})$ 可求得估计的统计量。通常假设测量噪声是独立同分布的，该噪声具有的测量误差方差为 σ^2，测量的协方差矩阵 $\mathrm{Cov}(\hat{\theta}) = \sigma^2 I$（译者注：原书为 $\mathrm{Cov}(y) = \sigma^2 I$，其中 I 是单位矩阵。然后参数的不确定性可由下面的协方差表征：

$$\mathrm{Cov}(\hat{\theta}) = \sigma^2 (X^T X)^{-1} \tag{6.5}$$

由协方差矩阵的对角元素可得到所估计参数的方差，方差可由多种统计软件包计算。如果进一步假设这些测量误差服从高斯分布，则可推断出 $\hat{\theta}$ 服从高斯分布，其均值和协方差矩阵可由上述公式计算。

对于非线性模型，并不存在可直接利用的公式，只能利用数值方法和不同的逼近方法。此时，标准的策略就是将非线性模型线性化为简单的线性模型，并利用稳健的线性理论。线性化需要模型对参数求导的计算，模型对参数的一阶求导生成雅可比矩阵 J，其元素如下：

$$[J]_{ip} = \left. \frac{\partial f(x_i, \theta)}{\partial \theta_p} \right|_{\theta = \hat{\theta}} \tag{6.6}$$

上式表明，在每个测量点 x_i 处的估计值 $\hat{\theta}$ 都有一个导数值。雅可比矩阵 J 起着设计矩阵 X 的线性化表示的角色。也就是说，假设测量误差服从方差为 σ^2 的独立同分布的高斯分布，非线性模型的近似误差分析可以由如下协方差矩阵计算：

$$\mathrm{Cov}(\hat{\theta}) = \sigma^2 (J^T J)^{-1} \tag{6.7}$$

测量误差 σ^2 可用重复测量方法进行估计，然而，通常情况下重复测量方法不可行。针对这种情况，利用"残差" ≈ "测量误差"的"理想模型"假设，测量噪声可以通过拟合残差进行估计。利用均方差（MSE）可求得测量误差的估计值：

$$\sigma^2 \approx \mathrm{MSE} = \mathrm{RSS}/(n - p) \tag{6.8}$$

式中，RSS（残差平方和）为最小二乘函数的拟合值，n 为测量值的数量，p 为参数的数量。也就是说，测量误差就是残差平方的平均值，并由所估计参数的数量进行修正。

6.2.3 贝叶斯方法

只有在实际的参数分布接近线性化所产生的高斯分布时，线性化可实现的近似误差估计才是最理想的。然而，这也并不绝对。通常，非线性相关性会导致分布并不是线性化的。接下来我们讨论能够揭示实际分布的方法，甚至是具有强非线性的分布。以随机算法或蒙特卡罗算法为基础，如果样本容量足够大，我们将展示这些方法是如何生成来源于基础分布的样本，同时该样本收敛于实际分布。事实上，采样算法能够解决"看似不可能完成的任务"，也就是说，对未知的分布进行采样也可以得到该分布的近似——甚至于不知道在哪里采样也可以如此。

采样可以从多次迭代参数估计过程中产生。为了得到不同的结果，还必须随机初始化过程的某些部分，下面是两种基本选择：
- 摄动测量数据，并重新拟合参数。
- 摄动参数，选择与数据拟合较好的参数值，摒弃其他数据。

这两种选择都是基于数据中包含随机性或噪声干扰：在实验中，我们公正合理地获取可能略有不同的数据点，也因此获得不同的参数估计。在第一种策略选择中，我们直接生成了不同的数据值，这样会出现各种形式的自助抽样算法（Bootstrap 法）。在第二种策略选择中，数据并未改变，但以认同的方式考虑数据的不确定性，大致来说，这些认同参数可产生模型预测值，该预测值在噪声测量范围内可拟合数据。这种方法是以马尔可夫链-蒙特卡罗，即 MCMC 方法为背景衍生的。

这两种方法似乎比较直观，然而也存在异议，"频率学派与贝叶斯学派"在统计方法上一直是争论的焦点。其中的关键问题是如何解释被估计参数的本质：到底是常量还是变量？从统计学角度来说，把被估计参数作为常量处理被称为经典或频率学派。贝叶斯学派明确地考虑将未知参数向量 θ 诠释为一个具有自身参数分布的随机变量。这种意见反映了 θ 不是固定向量，而是可变向量。此外，这种方法强调在估计过程中使用先验知识，甚至主观要素。

实际的研究人员或许会在学术上找出异同，而在实际的建模过程中，我们真的如此在意参数的"实际"解释吗？但是我们肯定对模型预测的可靠性感兴趣。至关重要的是，我们必须意识到参数估计问题的解并不唯一。从统计学角度看，正如我们考虑测量中的噪声一样，多个不同的参数组合将"同样好地"拟合数据。

6.2.4 马尔可夫链-蒙特卡罗方法（MCMC 方法）

一般情况下，MCMC 方法保持测量数据原始完整，但通过改变参数找到

第6章 锂离子电池参数估计的贝叶斯推论

接近测量值的"全部"解。因此，MCMC方法属于贝叶斯派的方法。事实上，对于许多科学家来讲，贝叶斯方法几乎是使用 MCMC 方法的代名词。此外，贝叶斯方法因为新的 MCMC 算法的出现，在过去的 20 年已经广泛普及，这些新的 MCMC 算法可解决传统方法根本无法求解的问题。而助推这种趋势发展的另一个显著因素就是性能强大的计算机持续发展，能够成功支撑这些算法运行。

使用 MCMC 方法解决参数估计问题（即反问题）有几个优点。首先，有可能得到（非高斯分布的）后验分布的全特征；第二，可完全自由地利用先验信息，甚至可以灵活地考虑建模误差。此外，与优化方法得到的最大后验（MAP）估计相比，陷入局部最小的可能性会降低。

为了确定上述思路，需再次考虑一般的非线性模型 $y_i = f(x_i, \boldsymbol{\theta}) + \varepsilon_i$，模型中假设误差是正态分布且测量值之间是独立的：$\varepsilon_i \stackrel{iid}{\sim} N(0, \sigma^2)$。未知向量 $\boldsymbol{\theta}$ 是通过测量数据值 y_i 估计的。但是，首先假设 $\boldsymbol{\theta}$ 的真实值是已知的，而且可以用一个理想无偏模型 $f(x, \boldsymbol{\theta})$ 来表示系统实际特性。测量值 y_i 将服从正态分布，并将 $f(x_i, \boldsymbol{\theta})$ 作为中心点。因为假定误差 ε_i 是独立的，则不同的测量值 y_i（$i=1, 2, \cdots, n$）的分布也是独立的，则测量向量 $\boldsymbol{y} = (y_1, \cdots, y_n)$ 的联合分布可通过分布的乘积计算：

$$p(\boldsymbol{y}|\boldsymbol{\theta}) = \prod_{i=1}^{n} \frac{1}{\sqrt{2\pi\sigma^2}} \exp\{-[y_i - f(\boldsymbol{x}, \boldsymbol{\theta})]^2 / 2\sigma^2\} \quad (6.9)$$

$$= \frac{1}{(2\pi\sigma^2)^{n/2}} \exp\left\{-\sum_{i=1}^{n}[y_i - f(\boldsymbol{x}, \boldsymbol{\theta})]^2 / 2\sigma^2\right\} \quad (6.10)$$

因此，我们得到熟悉的最小二乘函数与假定的测量误差的方差 σ^2 商的指数形式。

注意分析为何将上述分布用条件概率 $p(\boldsymbol{y}|\boldsymbol{\theta})$ 的形式表示。事实上，我们不知道 $\boldsymbol{\theta}$ 值，可将上述公式解释为未知参数的真值为 $\boldsymbol{\theta}$ 条件下 $\boldsymbol{y}$ 的概率。这个表达式称为似然函数；在给定一个 $\boldsymbol{\theta}$ 值时，它可计算出观测测量值的似然值。

回顾最初的目标：利用给定观测值 $\boldsymbol{y}$ 估计参数 $\boldsymbol{\theta}$。为此，在上面的方程中考虑表达式（6.10），可将 $\boldsymbol{y}$ 和 $\boldsymbol{\theta}$ 互换，我们可以把它解释为给定 $\boldsymbol{y}$ 后 $\boldsymbol{\theta}$ 的分布。注意，关于 $\boldsymbol{\theta}$ 的最大似然函数等价于最小化残差平方和，所以在这种情况下，这种最大似然估计恰是最小二乘解 $\hat{\boldsymbol{\theta}}$。此外，使得 $f(x_i, \boldsymbol{\theta})$ 值逼近观测值 y_i 的 $\boldsymbol{\theta}$ 值统计分布服从参量 $\boldsymbol{\theta}$ 概率值分布。但是，面临一个问题就是：没有一种直接的方法准确告诉我们到底是哪个 $\boldsymbol{\theta}$ 值服从该分布，例如，是否包含 95%概率质量的区域中心覆盖最大似然点。而事实上，作为 $\boldsymbol{\theta}$ 的函数，表达式（6.10）甚至不是一个正态概率分布。

在基本的概率积分基础上，贝叶斯公式可以写成以下泛化的条件概率公式：

$$\pi(\boldsymbol{\theta}|y) = \frac{p(y|\boldsymbol{\theta})\pi(\boldsymbol{\theta})}{\int p(y|\boldsymbol{\theta})\pi(\boldsymbol{\theta})d\boldsymbol{\theta}} \quad (6.11)$$

我们总结了贝叶斯分析的主要概念：首先，我们选择分析参数向量 $\boldsymbol{\theta}$ 的先验分布 $\pi(\boldsymbol{\theta})$，假设响应变量 y 具有由似然度 $p(y|\boldsymbol{\theta})$ 给定的分布；一旦采集到观测数据 $y=(y_1,\cdots,y_n)$ 就利用贝叶斯规则来得到 $\boldsymbol{\theta}$ 的后验分布 $\pi(\boldsymbol{\theta}|y)$ 的原则，更新 $\boldsymbol{\theta}$ 的先验分布。为了得到一个合适的全样本量的概率分布，需要计算的规范化积分常量为 $\int p(y|\boldsymbol{\theta})\pi(\boldsymbol{\theta})d\boldsymbol{\theta}$。

原则上，贝叶斯公式解决了全概率意义上的估计问题：找到参数分布的峰值，即 MAP（最大后验）点，然后确定覆盖峰值点的概率质量分布区（通常为质量的 95%或 99%）。然而，我们面临着规范化积分常量计算的棘手问题，对于参数个数适中的非线性模型也是如此。因此，除了简单的非线性情况外，直接应用贝叶斯公式还是很棘手的。

MCMC 方法为解决这类棘手问题提供了有效方法。该方法产生参数的序列值 $\theta_1,\theta_2,\cdots,\theta_N$，对于足够大的样本 N 而言，其经验分布近似于实际后验分布。

诀窍在于，尽管我们不知道从哪个样本的分布进行采样，但仍然可以采样生成样本。取代从真实分布中采样，实际只能从人工建议的分布中采样。把采样与一个简单的接受/拒绝的程序规则结合起来，基于人工建议分布的采样可以得到逼近修正。

MCMC 方法的最广泛应用之一是随机行走 Metropolis 算法，该算法早在 20 世纪 50 年代就出现在统计物理学文献中。Metropolis 算法很简单，它的工作原理是从建议分布中生成候选参数值，然后按照简单规则决定接受或者放弃推荐值，Metropolis 算法可表示如下：

1. 选择一个起点 θ_i 进行初始化。
2. 从合适的建议分布 $q(\cdot|\theta_n)$ 中选择一个新的候选参数 $\hat{\theta}$，这将依赖马尔科夫链的前一个点。
3. 按下面的概率接受候选点：

$$\alpha(\theta_n,\hat{\theta}) = \min\left[1,\frac{\pi(\hat{\theta})}{\pi(\theta_n)}\right] \quad (6.12)$$

如果拒绝该点，则需重复链中的前一个点，返回到步骤 2。

Metropolis 算法假定一个对称的建议分布 q，即从当前点移动到推荐点的概率密度与从推荐点向后移动到当前点的概率密度是相等的，即 $q(\hat{\theta}|\theta_n) = q(\theta_n|\hat{\theta})$。

可以看出，Metropolis 算法中的候选点总是可以接受的，因为候选点比前一点（此点 $\pi(\hat{\theta}) > \pi(\theta_n)$）具有更好的后验概率密度值，或者说沿着后验概率密度函数"向上"移动。然而，向下移动也可以接受，但要借助前一点与推荐点的后验概率密度值之比所确定的概率。值得注意的是，只有连续点处 π 的比值是必要的，所以主要的困难被排除：由于常量被消除了，规范化常量的计算就不需要了。

大多数情况下，我们可能并不需要为解决方案指定一个复杂的先验分布。有时，我们只知道解中的分量必须有界且为正值，这可能导致先验信息缺乏或很少。对于给定的参数化问题，可以只设置一个简单的有界包络盒，如约束解的下限和上限。现在分析完全由数据驱动了，假设参数的后验分布在给定的边界内。另一方面，如果后验分布不在任何合理的有界包络盒内，我们可以观察到的现有数据就不足以辨识参数。此时，用先验信息约束求解之前，我们可以考虑如下几个选择：

● 实验设计。如果参数的不可辨识性是因为缺乏数据，有效的补救办法是设计新的实验来采集更多观测测量值。

● 模型简化。通常，不可辨识性是正向映射的固有特征，而且没有可测量的数据（或只是重新参数化）可以修正弥补这种情况。对不可辨识参数而言，固定不变的先验信息的替代方案选择就是简化模型，从而减少待辨识的参数。

从典型意义上说，贝叶斯公式被看作是把固定的先验信息、数据和模型组合在一起的方法。然而，我们也可以使用贝叶斯采样技术作为实验设计以及模型简化的灵活工具，这样就可以将采样方法用于模型开发，并指导建立模型所有的相关步骤。

6.3　锂离子电池单体模型

现有各种类型的模型用于描述锂离子电池单体性能（见第 4 章）。由于许多模型无法反映电池单体内部物理过程的影响，在本章余下的部分使用一个机械模型定义正问题。使用此模型进行基于观测值的参数估计被认为是反问题。

为了从数学上描述锂离子电池单体内部的动态过程，按照广泛使用的朵依尔－富勒－纽曼（Doyle-Fuller-Newman）（DFN）方法[5]建立电化学模型。由于电池单体无论在纳米尺度上还是几百微米厚度上的复杂几何形状，这些模型在更多的细节上不能求解。因此，该模型可以表述为一个一维耦合非线性偏微分方程组，以便在计算速度和模型复杂性之间折中。

所考虑的锂离子电池单体具有两个多孔夹层电极（正极 Ω_c 和负极 Ω_a），以及二者之间的电绝缘隔膜 Ω_s。从均匀化角度考虑，假设每个电极均由两相组成：固相是假定在正极（Λ_c）和负极（Λ_a）上沿 x 方向直线连续排列的球形粒子，每个电极上建模的液相是电解质。在隔膜 Ω_s 中，我们只考虑电解质，而隔膜中的固相不参与任何反应。图 6.1 所示为建模区域的示意图。

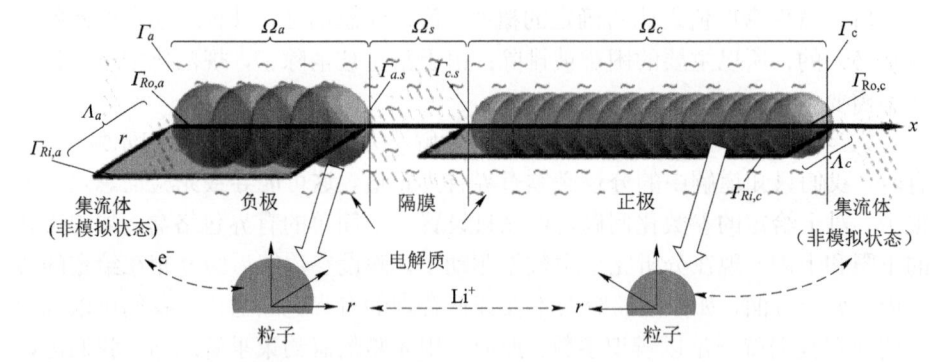

图 6.1 问题域:空间域定义为 $\Omega = \Omega_a \cup \Omega_s \cup \Omega_c \subset \mathbb{R}$，$\Omega' = \Omega_a \cup \Omega_c$，$\Lambda_a = \Omega_a \times [0, R_a] \subset \mathbb{R}^2$，$\Lambda_c = \Omega_c \times [0, R_c] \subset \mathbb{R}^2$，$\Lambda = \Lambda_a \cup \Lambda_c$，$R_a$ 且 $R_c \in \mathbb{R}$

电池单体一维模型的控制方程是由方程组（6.13）定义的：

$$\begin{cases} -\nabla \cdot (\sigma_s \nabla \varphi_s) = -A_i j_{BV}^* & Q_1' := \Omega' \times [0, T] \\ -\nabla \cdot \left(k_1(c_1) \nabla \varphi_1 + \frac{R_g \vartheta}{zF} k_1(c_1) t_1^+ \frac{1}{c_1} \nabla c_1 \right) = A_i j_{BV}^* & Q_1 := \Omega \times [0, T] \\ \frac{\partial(\varepsilon_1 c_1)}{\partial t} - \nabla \cdot \left(D_1 \left(\nabla c_1 + \frac{zF}{R_g \vartheta} \mu_1 c_1 \nabla \varphi_1 \right) \right) = \frac{A_i}{zF} j_{BV}^* & \text{在} Q_1 \text{内} \\ \frac{\partial c_s}{\partial t} - \frac{1}{r^2} \frac{\partial}{\partial r} \left(D_s r^2 \frac{\partial c_s}{\partial r} \right) = 0 & Q_2 := \Lambda \times [0, T] \end{cases} \quad (6.13)$$

在液相中，变量是电势 φ_1 和浓度 c_1。在固相中，变量被分为正极电势 φ_{sc} 和浓度 c_{sc}，以及负极电势 φ_{sa} 和浓度 c_{sa}。变量分别为正极电势、正极锂离子浓度、负极电势以及负极锂离子浓度。为了简化符号，将系统变量组合为未知向量 $u := (\varphi_{sa}, \varphi_{sc}, \varphi_1, c_1, c_{sa}, c_{sc})$。系统变量定义为与时间和空间有关的 $u(x,t)$，其中时间 $t \in [0, T]$，$T \in \mathbb{R}$，空间点 $x \in \mathbb{R}$ 和 $(x, r) \in \mathbb{R}^2$。

由于扩散率和电导率必须是有效值，因此考虑用孔隙率建模：

$$\sigma_s := \hat{\sigma}_s \varepsilon_s^{brugg_s}, k_1 := \hat{k}_1 \varepsilon_1^{brugg_1}, D_s := \hat{D}_s \varepsilon_s^{brugg_s}, D_1 := \hat{D}_1 \varepsilon_1^{brugg_1} \quad (6.14)$$

巴特勒-沃尔默（Butler-Volumer）表达式（6.15）与方程（6.13）相结合：

$$j_{BV}^* = \begin{cases} zFk \left\{ \exp\left(\frac{\alpha zF\eta}{R\vartheta}\right) - \exp\left[\frac{-(1-\alpha)zF\eta}{R\vartheta}\right] \right\} + C_{dl} \frac{\partial(\varphi_s - \varphi_1)}{\partial t} & Q' \text{域} \\ 0 & \text{其他区域} \end{cases} \quad (6.15)$$

$$\eta = \varphi_s - \varphi_1 - U_{OCV}(c_s)$$

齐次纽曼（Neumann）条件作为边界条件，不包括固相的电势 φ_s 和浓度 c_s 的外边界：

$$\begin{aligned} \phi_s &= 0 & \Sigma_a &:= \Gamma_a \times [0, T] \\ -\sigma_s \nabla \phi_s &= -i(t) & \Sigma_c &:= \Gamma_c \times [0, T] \\ -D_s \frac{\partial c_s}{\partial r} &= \frac{1}{zF} j_{BV}^* & \Sigma_{Ro} &:= \Gamma_{Ro,a} \cup \Gamma_{Ro,c} \times [0, T] \end{aligned} \quad (6.16)$$

此外，分别在 Ω 和 Λ 域的 x 相的浓度由初始条件限制：$c_x(t=0) = c_{x,0}$。当约束条件 $j_{BV}^*(x,0) = 0$ 时，静止状态下将电势连续初始化。这四个非线性耦合的偏微分方程组可用有限元法求解，此时的有限元法采用线性测试函数进行空间离散化以及时间积分的后向欧拉法。非线性可由阻尼牛顿法求解。

6.4 参数的灵敏度

一次估计出模型中所有参数的数量（最多 50 个）是不切实际的。因此，必须简化模型，就像 6.2 节所介绍的那样。作为模型简化的一种形式，我们决定减少一些标量参数集，但仍然要最大限度反映出模型响应能力。根据参数影响进行排序的方法是"莫里斯一次一参数法"（MOAT）[4]筛选参数法。就这些参数对模型响应的全局性影响而言，这种筛选方法实现参数的定性排队，并决定哪些参数可用于参数估计。该方法是以模型响应 $f(\theta)$ 的影响为基础的，其中给定参数集 θ 是在设计空间 Θ 沿随机轨迹采样得到的。

$$d_i(\theta) = [f(\theta_1, \theta_2, \cdots, \theta_{i-1}, \theta_i + \Delta, +\theta_{i+1}, \cdots, \theta_k) - f(\theta)] / \Delta \quad (6.17)$$

与第 i 个输入参数的影响相关的分布表示为 F_i。从这个分布可以推导出关于"整个"影响的定性信息，这需要分别用大量的 $F_i(d_i)$ 平均值 μ_i，以及由大量 F_{i-} 的标准差 σ_i 所表征的对输入的高度相关性，即参数间高耦合性亦或强非线性性。由于模型的单调性不能假定，所以关键的解决方法是引入 $F_i(|d_i|)$ 的测量值 μ^* 的绝对值代替 μ，否则基本作用就可能相互抵消，见文献[7]。

就设计而言，要考虑"新欧洲行驶循环（NEDC）"混合行驶模式的输出电压偏差。因为用于筛选的输入因子不必与模型的参数类似，这就可以将相关参数结成对，即电解质体积分数 ε_l 和在正负极的固体体积分数 ε_s 合并成两个因子形成上述两个分数的总和表示 ε_{l+s} 和比例表示 $\varepsilon_{l:s}$，这样当使用简单的有界包络盒时，合成表示也不会超过物理限制。

图 6.2 所示为几个感兴趣参数筛选试验的定性结果。由此我们可以合理假设，对许多参数来讲，参数的变化将对输出影响甚小，如参数 σ_s 就是如此。因为参数之间的高度非线性耦合是通过大均值和大离差表征的，k 和 D_s 很可能对

输出有显著影响。

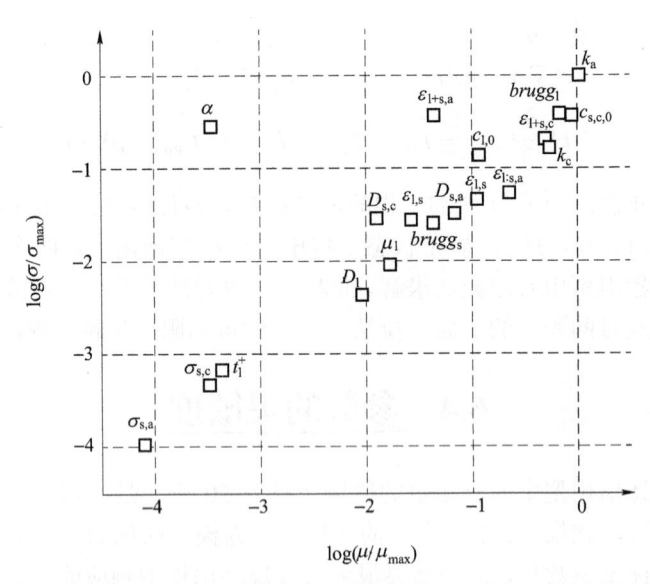

图 6.2 根据"莫里斯一次一参数法"全局灵敏度分析得到的模型参数的影响，位于右边的参数比左边的影响更直接，顶部参数比靠近底端的参数表现对输出有更高的非线性或耦合性影响

6.5 基于 MCMC 方法的统计反演

本节我们考虑利用 6.2.4 节所描述的统计反演方法估计 6.3 节所定义的模型参数，6.3 节是把模拟的电池单体电压 $f(\theta):=\varphi_s|\Gamma_c(\theta)$ 与概略预定值 y（如测量值）进行匹配。

6.5.1 数据和先验分布

为了简便起见，我们假设静态影响，如开路电压（OCV）和初始浓度完全与动态影响（如扩散率和动力学速率）无关。这已被 Speltino 等证实，见文献[9]。他们用两步描述了电池动力学的单个粒子模型参数辨识过程。第一步，正极的平衡电势函数由开路电压（OCV）测量值辨识，假设负极的平衡电势函数从相关文献中获取。第二步，进行动态测试来估计模型的其余参数。

为了估计数据，我们定义了一个简约的输入程序 $i(t)$，并应用到测量和模拟中，如表 6.1 所示。

表 6.1 应用的输入程序：SOC 由 55%脉冲放电至 45%

步骤	说　明
0	初始化电池单体至 SOC 为 55%
1	以 5 A 恒定电流放电 72 s 至 SOC 为 45%
2	无电流状态搁置 600 s

我们得到了时间点 t_i 的测量值 $y = \{y_i\}$，这些值都与电池单体电压变化有关。我们引入简化参数集 $\theta \in \Theta := \{\theta \in \mathbb{R}^m \mid \theta_a \leq \theta \leq \theta_b\}$。对于参数集 θ，在时间点 $t_j \leq T$ 仿真产生 $f(t_j, \theta)$，该时间点由自适应时间步长算法所控制，目的在于得到电池内部状态关于时间的局部线性化特性。

我们假定所观察到的电压与在测点处电池的真实电压不完全一致，实际上是受到标准差为 σ 的高斯噪声影响。因此，观察模型就是如 6.2.4 节中介绍的。

既然我们对参数集了解不多，那就选择在表 6.2 中参数集 θ 里的参数。因为参数的量值分布范围较宽，我们引入 $\tilde{\theta}$ 作为对数转换后的参数向量。由于之前的测试表明 k_a 和 k_c 之间有很强的相关性，我们引入一个组合因子 $k_{a:c} := k_a / k_c$ 代替 k_a。对于转化的参数，我们做一个信息有限的先验假设。进一步，我们使用随机游走建议核函数，使用高斯分布实现初始化，使得 $R_0 = 0.001\bar{\theta}_0$。考虑到实际值，式（6.10）中的测量噪声和噪声偏差中的标准差均设定为 $\sigma = 10^{-3}$。

表 6.2 简化的测试参数集：该表列出初始值 θ_0、下限 θ_a、上限 θ_b，
以及应用的参数标度值和目标值

名称	初始值 θ_0	下限 θ_a	上限 θ_b	标度 $\tilde{\theta}(\theta)$	目标 $\bar{\theta}$
$D_{s,c}$	4.0e−16	1.0e−18	1.0e−13	$\log_{10}(\theta/1.0\text{e}{-18})$	4.0e−17
$D_{s,a}$	4.5e−14	1.0e−15	1.0e−09	$\log_{10}(\theta/1.0\text{e}{-15})$	4.5e−13
D_l	6.0e−10	1e−15	1.0e−08	$\log_{10}(\theta/1.0\text{e}{-15})$	4.0e−11
μ_l	1.0e−05	1e−12	1	$\log_{10}(\theta)$	0.1
k_c	9.0e−05	1.0e−09	1.0e−02	$\log_{10}(\theta/1.0\text{e}{-09})$	9.0e−04
k_a/k_c	5.0	1.0e−02	1.0e+02	$\log_{10}(\theta/1.0\text{e}{-02})$	9.0e−04/9.0e−04

6.5.2 后验采样

由于模型的高度不灵活，对于参数 θ_0 采用自适应时间步长进行第一轮采样，保存最终的时间点 t_j 以便为随后的模型评估之用。

这种采样类似于 Solonen 等在文献［8］提出的方法，将具有自适应建议分布 $q(\hat{\theta}|\theta_n)\sim N(\theta_n,R_n^2)$ 的 Metropolis 方法应用到并行独立链。建议偏差置为 $R_n = R_0 (n<20)$，当 $n\geqslant 20$ 时，则置为 $R_n = chol\,(\mathrm{Cov}(\theta_{\mathrm{start}},\cdots,\theta_{\mathrm{chains}_n}))+\varepsilon_\Sigma$。所有可用样本的协方差计算都以标志 start 开始采用一种特殊服务器执行，这种服务器是链之间的唯一联系。为了提高适应性，每个链的新参数集的 start 都是从 0 开始按 0.49 增长。为了确保 R_n 不为零，增加了 $\varepsilon_\Sigma = 0.001 R_0$。由于"信息有限的"先验数据和对称建议，则接受概率 α 是由式（6.12）确定的。

为了进一步加快计算速度，采用了首次应用于文献［1］和文献［6］中的"早期拒绝"方法。首先，选择一个随机数 $e\in(0,1)$。然后仿真逐步进行，每个时间步长 t_j 都要进行评估，一旦条件不符合要求仿真就会中止。

$$e < \prod_{k=1}^{j} \frac{L(y_k|f(t_k;\theta_{k+1}))}{L(y_k|f(t_k;\theta_k))} \tag{6.18}$$

作为目标值 y，我们在目标参数 $\bar{\theta}$ 处运行模型，并选择一个模拟测量值。为了避免出现"反犯罪（inverse crime）"问题，与模型 $f(\theta)$ 不同，参考模型 $\bar{f}(\theta)$ 在不同的时间点 $t_i \neq t_j$ 都要进行评估。

可以用三种试验方法评估采样算法：

- 无噪声的并行仿真——启动参数设置为 θ_0，仿真是在六个并行链中进行的。当所有链采样评估高于 20 000 次评价后，它们同时停止运行。每个链中的前 10 000 个样本将被作为"老化期"数据予以舍弃，以使 π（即马尔可夫链分布）达到平衡分布。

- 有噪声的并行仿真——启动参数设置为 $\bar{\theta}$，仿真是在五个并行链中进行的。当所有链采样评估达到并高于 2 500 次评价时，仿真即被中止。每个链中的前 1 000 样本被作为"老化期"数据予以舍弃。

- 有噪声的单个仿真——虽然设置与有噪声的并行仿真相同，但这个仿真是在三个无关联的链中进行的。

图 6.3 所示为在表 6.1 中所定义的输入信息 $i(t)$ 的结果、目标值的结果以及无噪声仿真的初始值和最佳评价。

6.5.3 参数的后变性

表 6.3 展示了估计参数的统计信息及其不确定性。图 6.4 表示参数的后验分布。尽管希望无噪声测试表现出非常小的标准差，但值得注意的是，由时间点 t_j 到 t_i 进行插值产生的误差对测试结果起主导作用。

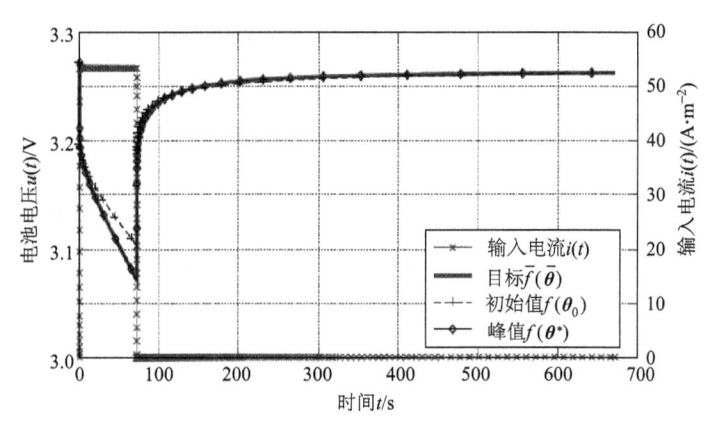

图 6.3 感兴趣的参数集 θ 估计之后的初始电压、合成目标电压和最终电压曲线的比较

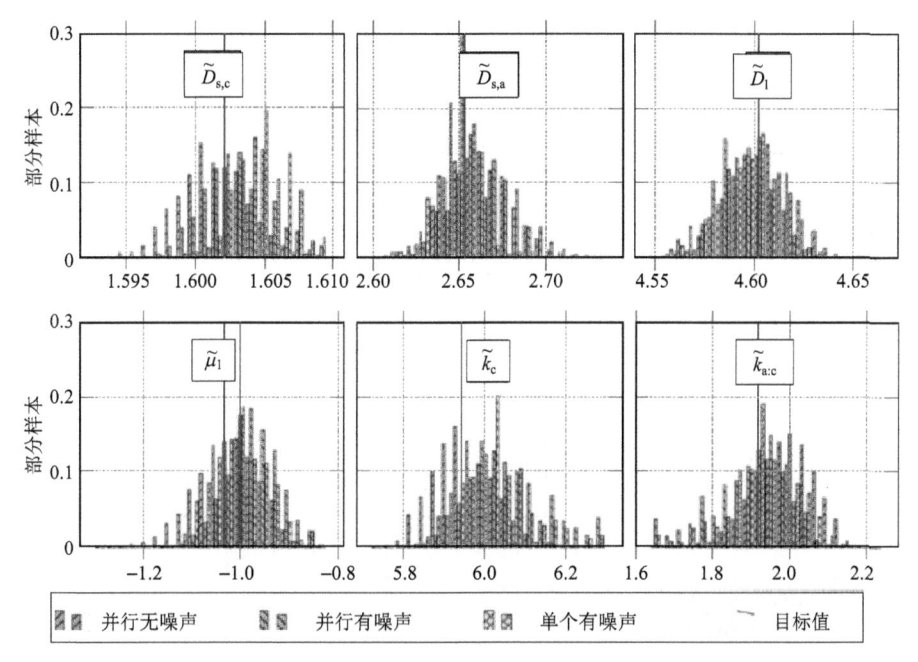

图 6.4 后验模型的结果（见彩插）

此外，很明显，单个链不能从整个分布中采样，因为统计表明初始点处几乎没有偏差，这也可以在图 6.5 的散点图中看到。并行链采样点占据了散点图的大部分区域，而单个链的采样点却以更密集的方式占据了一小部分区域。

表 6.3 不确定性结果（简化含义如下：#A 无噪声的并行链，#B 有噪声的并行链，#C，#D，#E 有噪声的单个链，Ref 目标参数 $\bar{\theta}$）

MCMC	$\tilde{D}_{s,c}$	$\tilde{D}_{s,a}$	$\tilde{D}_l$	$\tilde{\mu}_l$	$\tilde{k}_c$	$\tilde{k}_{a:c}$
#A	1.601±0.002	2.662±0.019	4.604±0.016	−1.025±0.063	5.957±0.075	1.994±0.078
#B	1.603±0.002	2.666±0.018	4.592±0.015	−1.969±0.056	6.044±0.093	1.908±0.096
#C	1.603±0.002	2.662±0.016	4.603±0.005	−1.003±0.003	5.960±0.008	1.996±0.008
#D	1.603±0.002	2.665±0.017	4.590±0.015	−0.962±0.058	6.038±0.08	1.915±0.082
#E	1.605±0.002	2.648±0.011	4.598±0.015	−1.001±0.057	6.025±0.09	1.928±0.093
Ref	1.062±0	2.653±0	4.602±0	−1.000±0	5.954±0	2.000±0

图 6.5 也揭示 D_l 和 μ_l，k_c 和 k_a 之间具有较强的相关性。这些较强的相关性和后验分布的形状也表明采用对数标度与选择 $k_{a:c}$ 代替 k_a 的可行性。所有因素不进行转换和组合的直接采样反而会降低统计和计算的效率。

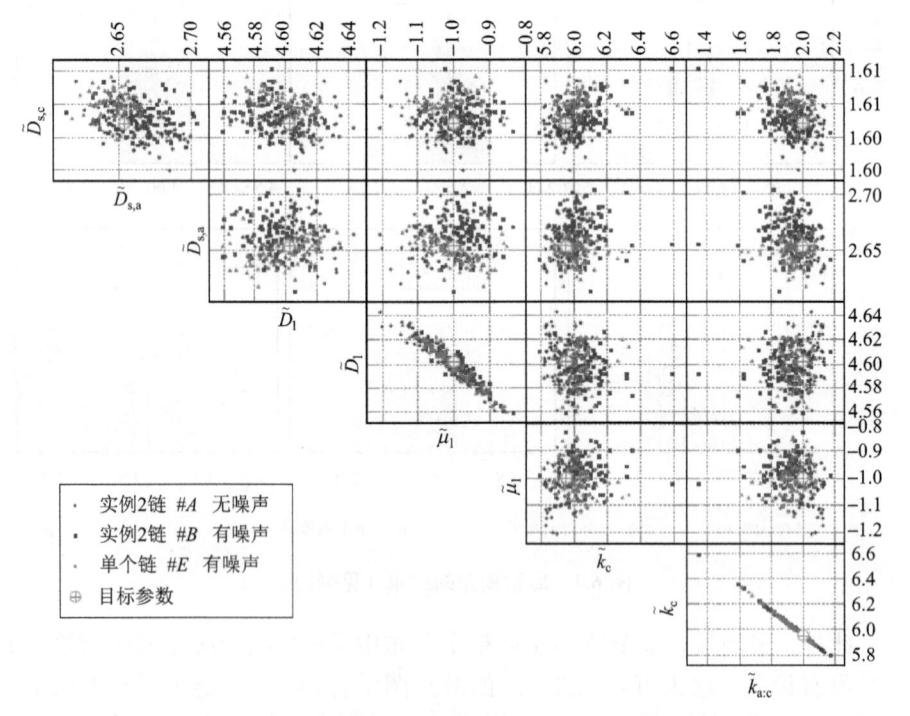

图 6.5 表示参数集 θ 中参数之间的互相关性二维散点图（见彩插）

6.5.4 统计效率

为了评估统计效率，本节采用综合自相关时间（IACT）测量。IACT 给出了 MCMC 算法的改进次数来获得一个有效的独立样本。通过估计所有参数的自相关函数（ACF）来估计后验分布。理想状态下，对于一个很小相关性或独立不相关的平稳时间序列的自相关函数，因为增加迟滞而快速达到零。由图 6.6 中自相关函数的例子显示出相似的性质，我们得出结论，即在链中存在很少的序列相关性。为了最终从自相关函数（ACF）中计算得到综合自相关（IACT）时间，本节利用了文献 [3] 提出的方法。该方法利用在连续滞后时的自相关函数成对求和，因此产生了综合自相关时间（IACT）的过高估计值（见表 6.4）。为得到一个有效的独立样本 τ，进行更新的次数为 19~78。MCMC 算法得到的有效采样数是实际样本数的 1.3%~5.0%。这样算法就非常有用了，但运算却很慢，因为一个独立样本评价需要很长时间。

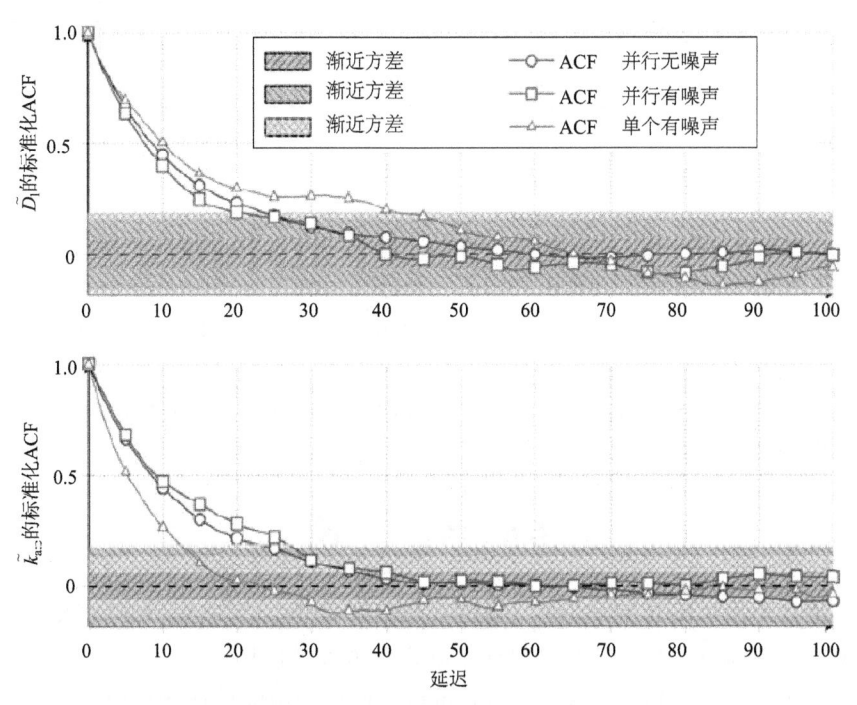

图 6.6 MCMC 仿真时估计的自相关函数（ACF）（所估计的渐近方差 95% 的置信区间为叠加阴影部分）（见彩插）

表 6.4 综合自相关时间 τ 的结果

MCMC	$\tau-\tilde{D}_{s,c}$	$\tau-\tilde{D}_{s,a}$	$\tau-\tilde{D}_l$	$\tau-\tilde{\mu}_l$	$\tau-\tilde{K}_c$	$\tau-\tilde{K}_{a:c}$
#A−1	51.3	5.6	46.7	45.5	55.5	55.7
#A−2	67.1	49.4	52.7	55.3	48.6	48.8
#A−3	65.8	49.4	54.2	56.9	45.7	46.3
#A−4	67.5	44.6	53.7	48.2	55.6	56
#A−5	77.8	53.5	63.8	63	62.3	62.7
#A−6	45.1	45.4	60.4	60.3	53.6	53.8
#B−1	30.9	39.4	49.5	50	33.5	33.3
#B−2	35.4	41.8	45.2	54	55	54.6
#B−3	40	37.1	43.2	43.5	44.3	44.4
#B−4	40.7	28.4	41.2	40	31.9	32.2
#B−5	41.8	35.3	47.7	53.8	36.4	35.5
#C	26.1	21.3	28.6	25.5	19.5	18.9
#D	26.8	31.9	39.3	45.3	33.7	34.6
#E	30.5	54.4	49.2	53.5	26.1	26.3

6.5.5 计算效率的说明

在式（6.18）中，我们描述了样本评价过程中工作量减少的应用。"早期拒绝"对无噪声的并行链有极大的影响，且它是从参数空间中的一个稀疏点开始的。由于模型的本质所在，可以在最开始就停止一些评价，这是因为在输出或数值上会出现特别大的偏差，而且并不是所有参数组合都有意义。有效的工作量可能会减少 67.7%。也就是说，通过使用"早期拒绝"完成的样本量是使用常规评估方法的 3 倍。

6.6 结　　论

本章介绍了用马尔可夫链-蒙特卡罗采样方法完成的贝叶斯模型反演，进行锂离子电池单体参数估计和量化不确定性方面的应用。

首先介绍了参数估计概况，然后重点在锂离子电池单体计算模型方面评估动态参数及其不确定性，掌握了一些先验信息建模方法和算法建立过程。由于模型的复杂性，我们采用并行方法，实施"早期终止"策略作为辅助手段来减少计算时间。我们比较了综合测量的结果，并通过研究综合自相关时间来表达

第 6 章 锂离子电池参数估计的贝叶斯推论

统计效率。

表 6.3 中数据的统计分析和表 6.4 中综合自相关时间（IACT）表明个体链显现出锐化分布和高统计效率。正是图 6.5 中的散点图揭示出个体中后验方法样本覆盖率低。这就需要采用并行链。

已被证明，本书提出的方法适合于有噪声时锂离子电池单体动态特性研究。然而，必须完成的工作是引入稳态和准稳态的结果和影响，诸如开路电压和几何量等。

致谢

作者感谢由奥地利联邦交通、创新和技术部（BMVIT），奥地利联邦经济、家庭和青年部（BMWFJ），奥地利研究促进署（FFG），施蒂里亚州及施蒂里亚商业促进局（SFG）等机构发起的"COMET K2—奥地利卓越技术能力中心计划"提供的资金资助。

参考文献

1. Beskos A, Papaspiliopoulos O, Roberts GO (2006) Retrospective exact simulation of diffusion sample paths with applications. Bernoulli 12(6): 1077–1098
2. Doyle M, Fuller TF, Newman J (1993) Modeling of galvanostatic charge and discharge of the lithium/polymer/insertion cell. J Electrochem Soc 140(6): 1526–1533
3. Geyer CJ (1992) Practical markov chain monte carlo. Stat Sci 7(4): 473–483
4. Morris M (1991) Factorial sampling plans for preliminary computational experiments. Technometrics 33(2): 161–174
5. Newman J, Thomas-Alyea KE (2004) Electrochemical systems, 3rd edn., JohnWiley & Sons, NewYork. ISBN: 978-0-471-47756-3, http://eu.wiley.com/WileyCDA/WileyTitle/productCd-0471477567.html
6. Papaspiliopoulos O, Roberts GO (2008) Retrospective markov chain monte carlo methods for dirichlet process hierarchical models. Biometrika 95(1): 169–186
7. Saltelli A, Tarantola S, Campolongo F, Ratto M (2004) Sensitivity analysis in practice: a guide to assessing scientific models. Halsted Press, USA
8. Solonen A, Ollinaho P, Laine M, Haario H, Tamminen J, Järvinen H (2012) Efficient mcmc for climate model parameter estimation: Parallel adaptive chains and early rejection. Bayesian Anal 7(3): 715–736
9. Speltino C, Domenico DD, Fiengo G, Stefanopoulou A (2009) Experimental identification and validation of an electrochemical model of a lithium-ion battery. In: American control conference

第7章

数据驱动方法设计电池SOC观测器

Christoph Hametner, Stefan Jakubek

摘要： 本章提出了一种基于数据的方法进行电池荷电状态（SOC）估计的非线性观测器设计。这个 SOC 观测器完全基于数据驱动模型，目的是考虑将所提出的概念应用到任意一种类型的电池化学反应，特别是当传统的物理建模很难实现的时候。针对电池复杂的非线性动力学特性，提出了一个包括试验设计、模型创建和自动观测器设计在内的集成工作流程。利用一个基于局部模型网络（LMNs）结构验证过的训练算法搭建电池的非线性模型。LMNs 的一个非常重要的优势在于具有局部解读性，可为非线性自动观测器设计提取出电池的局部线性电池阻抗模型。所提出的这个概念得到了锂离子电池的实际测量数据验证。

7.1 引 言

在汽车行业，由于持续增长的要求，数据驱动方法正变得越来越重要。利用这种方法建模是建立在过程的输入输出数据测量基础上的，要求很少或不要求物理的信息，即正式的信息，参见文献［29］。特别是在发动机校准时，基于数据的方法已经成为系统地应对汽车系统复杂性不断增长的重要工具，参见文献［10，12］。在这种背景下，内燃机和混合动力电动汽车的最优化包括对发动机和混合动力系统中的控制单元的正反馈和负反馈控制器所进行的各种控制器参数的校准。因此，校准被理解为通过对各种控制器参数适当的参数化而进行的车辆及其子系统优化。

对于完全校准工作流程而言,集成方法的一个重要要求就是既要在实验台上进行实验,又要设计模型结构,这个模型可包含所有相关的影响,而且可以考虑在优化过程中所有参数的相互作用。这样一个基于模型的校准工作流程包括以下阶段:试验设计,非线性系统辨识,控制器和观察器的分析与设计。

除了发动机校准,近年来混合动力系统组件的优化也成为重要的问题之一。混合动力电动汽车需精确地在线观测电力供应情况。此时,电池管理系统(BMS)和能量管理系统(EMS)的开发就是一项具有挑战性的任务。电池管理系统的一个重要部分是电池模型,它在特定负荷和环境条件下必须精确。电池管理系统最重要的功能之一就是确定电池的荷电状态(SOC)以及充放电的控制。由于电池荷电状态不能直接测量,为了延长电池寿命和保护电池的可用容量,必须掌握电池荷电状态。

一般地,目前的工作就是利用数据驱动模型描述基于模型的校准工作流程,并把所提出的概念应用/拓展到电池建模和相应的非线性观测器设计中(见文献[11])。本章其余的内容结构如下:7.2 节总结基于数据驱动的校准工作流程的三个主要步骤;7.3 节介绍应用所提出概念进行电池荷电状态(SOC)观测器设计,并利用锂离子电池单体的测量数据说明 SOC 观测器的性能。

7.2 数据驱动校准工作流程

由于在许多情况下传统的物理建模很难,所以基于模型校准的可行的替代方法——面向黑箱和灰箱的非线性系统辨识过程出现了。灰箱方法的重要优点之一在于能够降低模型的复杂性,条件是可以物理地(或其他手段)掌握对象的本质[19]。此时,已经证明局部模型网络(LMNs)是一个功能强大的工具,如文献[4,8,17,22]所描述。LMNs 可以快速调整满足问题的复杂性要求,并且很容易引入先验(物理的)知识。

然而,在使用这些辨识算法时,重要的专家知识和经验是必不可少的。为了帮助非专家使用系统辨识方法,这里提出了一个统一且通用的基于模型的校准工作流程。对于基于模型校准的集成方法主要步骤如下:

试验设计:试验设计(DOE)是应用基于数据驱动建模方法时非常重要的先决条件,并且作为基于模型处理的校准工作流程的第一步。试验设计的目标就是对未知系统施加适当的激励,根据测量的输入和输出数据来确定整体模型特性。由于问题的高维度和试验时间带来的高成本,测量变量的数量必须尽可能少。单个设计点必须处于可能获得信息量最大的地方。试验设计的质量决定着模型的质量及随后的优化过程。

非线性系统辨识：非线性系统辨识的目标是根据测量数据获得过程模型。这涉及给定的独立结构模型（如一个差分方程）的参数化或者模型自身结构的确定。习惯上讲，从物理定律或是其他的关于系统（白箱模型）的理论知识已获得了数学模型。因为实际系统要求苛刻，所以进行建模与仿真时需要技术专家。然而，在许多实际应用中，由于缺乏准确、详尽的系统知识，传统的建模是困难的，甚至是不可能的。特别是对于内燃机或者电池这种部件，在廉价地竞争的环境中，很难快速开发物理模型。因此，基于模型的校准方法使用了面向黑箱和灰箱的非线性系统辨识程序。这些方法建模是根据测量过程的输入输出数据，很少甚至不需要物理的或全面的信息。

控制器和观测器的分析与设计：基于数据处理的校准工作流程最后一步是对映射的校准（大多数条件下是针对前馈控制），以及控制器（反馈控制）和观测器的设计/参数化。使用基于模型的方法进行观测器设计的最突出优点之一在于不需要实体的车间就可完成这项工作。

下面将详细介绍用于模型生成（即最优试验设计和非线性系统辨识）的概念和使用 LMNs 结构进行观测器设计的细节。

7.3　荷电状态观测器设计

7.3.1　试验设计

就基于数据建模来说，合适的试验设计是一个重要的先决条件。为了能得到恰当地描述潜在过程的模型，对过程进行激励，应使系统所有动力学和非线性特性得以从所测量的数据显现。与此同时，无论采用何种方式，试验设计都必须满足所讨论的未知系统的约束条件和限制。

试验设计包括无模型和基于模型的两种基本概念。

无模型试验设计：如果没有潜在过程信息，非线性静态系统辨识常用空间填充设计方法。一般，这些方法的目标是均匀覆盖所有输入空间。对于非线性动态系统而言，当需要覆盖预期的运行范围时，典型的是选用调幅的伪随机二进制信号（APRBS）（见文献 [23]）作为系统动态性的激励。

基于模型的试验设计：基于模型的试验设计是根据辨识过程进行调整，期间使用先前的过程模型（或至少是一个模型结构）将试验中获得的信息最大化。因此，信号应适应特定的先验过程模型，以便用最小方差的测量参数估计模型参数，见文献 [7，25]。此时，费舍尔（Fisher）信息矩阵产生关于估计参数协方差的信息。

关于基于模型的校准工作流程来说，它选用第二种方法，其本身也是基于

第7章　数据驱动方法设计电池 SOC 观测器

模型的。因此，存在的基本矛盾在于，为了对某个试验过程建模，需要一个与其非常相似、能刻画该潜在试验过程的参考模型（先验过程模型）。但是，基于模型的试验设计提供了一些令人满意的性能，下面会重点提及。首先，当可以得到物理模型（如从过程的设计阶段得到的）或者是一个相似过程的模型时，基于模型的试验设计有助于增加被测数据的信息量，而且可以减少试验的工作量。第二，基于模型方法可考虑试验（如为使设备免受损失）时的约束条件。

对于电池模型辨识而言，必须覆盖电池的整个工作范围（单体电流，SOC）。此时，主要的挑战之一就是单体电流自身的激励直接影响着 SOC 的激励和相应的工作范围。当典型的 APRB 信号跟踪所研究过程的非线性特性时，这个策略就不能用于电池，因为没有考虑单体电流和 SOC 之间的相关性，导致未全覆盖电池的工作范围。所以，试验设计必须保证电池单体电流的变化既作为电池单体的激励，又要覆盖预期的 SOC 的工作范围[11]。

在文献 [14] 中，讨论了基于模型的最优试验设计用于 LMNs。因此，用 LMN 的费舍尔信息矩阵优化试验设计，所提出概念的目的在于产生信息数据并尽可能减少试验工作量。对于电池的最优试验设计而言，不能直接应用文献 [14] 中的优化梯度，原因在于一个输入通道（荷电状态）的激励由另一个输入信号（单体电流）决定。所以，选择了一个基于模型的试验设计方法，该方法使用了电池线性动态模型，该模型描述了电池单体端电压与充放电电流的非线性系统特性。电池的线性模型利用最初的测试（阶跃响应）数据进行辨识。应注意的是，其他电池模型（如简单的等效电路模型）也可以用于基于模型的试验设计。但是，结果表明，即使简单的线性模型也能显著改善模型质量，见 7.3.3 节。

基于电池的线性（先前的）模型，最优试验设计的目的是增加数据的信息量，减少试验时间。对下面这个性能函数进行最小化就足够了：

$$J_{opt} = \alpha \frac{J_{FIM,init}}{J_{FIM,opt}} + (1-\alpha) \frac{T_{opt}}{T_{init}} \tag{7.1}$$

式中，$J_{FIM,init}$ 和 $J_{FIM,opt}$ 分别表示初始设计和最优设计时费舍尔信息矩阵（译者注：FIM）的行列式 $J_{FIM} = \det(\mathscr{I})$。因此，FIM 是模型输出关于模型参数的偏导数[7]：

$$\mathscr{I} = \frac{1}{\sigma^2} \sum_{k=1}^{N} \frac{\partial \hat{y}(k,\theta)}{\partial \theta} \frac{\partial \hat{y}(k,\theta)^T}{\partial \theta} \tag{7.2}$$

在式（7.1）中，试验台工作的持续时间用 T_{init} 和 T_{opt} 表示，在式（7.1）中，设计参数范围为 $0 \leqslant \alpha \leqslant 1$，是在测量精度与测量工作量之间的折中结果，当增大 α 时，信息量增加，当 $\alpha = 0$ 时，只是缩短了测试时间。

优化本身集中于应用模拟退火法进行预设的 SOC 和电流大小的适当顺序

排列。这些预设值应考虑电池单体电流激励的合理分布而且应全部覆盖 SOC 的工作范围。每一个电池单体电流（充电或放电）的符号以及充放电脉冲的持续时间都是从相应的 SOC 值和之前的设计点（即之前的 SOC）获得的。这样，测试时间直接取决于 SOC 值和相应的电流值的顺序排列。与文献 [21] 相似，搜索从一个初始设计开始，沿着设计序列前进，每个新设计相当于前一个都是一个摄动。这样，新的候选状态就可以从电流和 SOC 值的随机交换中产生。从一个电流状态到另一个新状态的转换概率由一个可接受的概率函数确定。

图 7.1 记录了优化的训练数据（如激励信号和被测量电池电压的选择）。与最初的设计相比，费舍尔信息矩阵的行列式增加了 5 倍，而测试时间减少了约 7%。

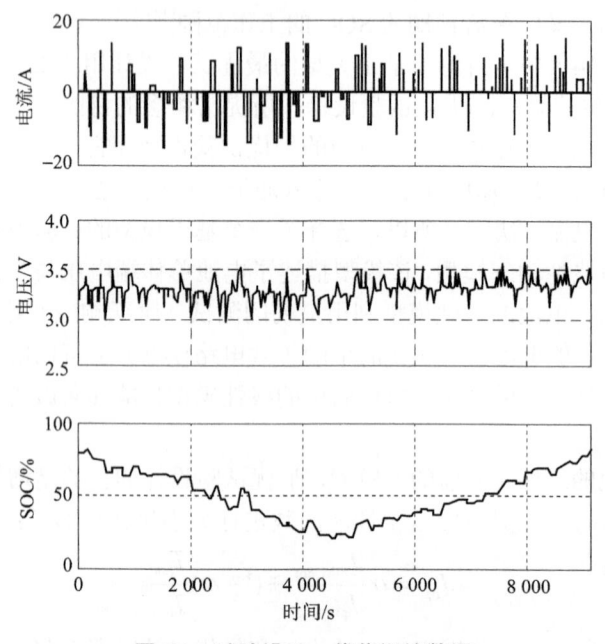

图 7.1 试验设计：优化训练数据

7.3.2 数据驱动的电池建模

基于模型校准的工作流程的第二步是非线性系统辨识过程本身。

单体电池的数学模型是 SOC 观测器的一个组成部分，用于描述充电/放电电流与端电压非线性动力学特性。这个单体模型可以预测动力电池的非线性系统动力学特性，也能进行 SOC 估计，而不能直接测量 SOC。典型的建模方法包括电化学模型（见文献 [1，6，18]）和等效电路模型（见文献 [16]）。然而，由于很难实现时效性的参数化及实时应用，使用了基于数据驱动方法，这种方法可应用在任何类型的电池化学中所提出的概念。

本书使用的动态辨识算法建立在 LMNs 结构之上[9]。在实际应用中，对先验知识的整合和各个局部模型的解析能力都具有很大意义。建立 LMNs 模型时，把运行空间分成若干个运行区域，如图 7.2 所示。由局部模型加权组合计算整体模型的输出，每一个局部模型在相应的运行区域有效。LMNs 的结构体现了对各种知识源整合的完美方法。因此，当能得到关于基础系统的先验知识时，可以大大减少辨识过程的复杂度。实际上，这意味着具有期望特性的建模系统有助于选择合适的变量（如图 7.2 中 $\tilde{x}_1$ 和 $\tilde{x}_2$），有助于选择模型结构并找到恰当的模型参数。

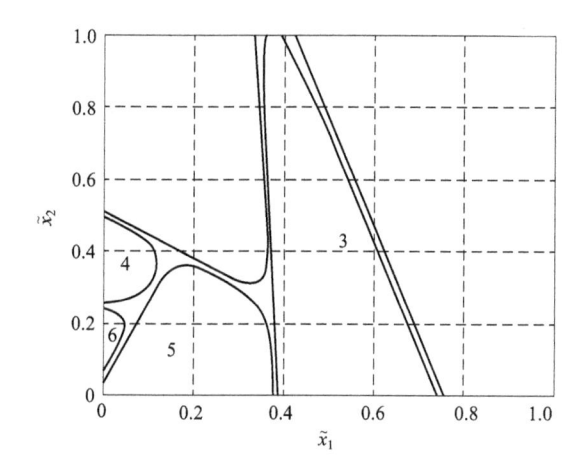

图 7.2 包括六个局部模型的 LMN 有效性函数

本节简要回顾了为估计 SOC 所提出的 LMN 和电池模型参数辨识。非线性模型描述了由充放电电流 $I(t)$ 以及其他因素（如温度和 SOC）所决定的端电压 $U(t)$ 的动态特性。LMN 在不同的局部模型间插值，每一个局部模型在输入空间的确定区域内有效。因此，在划分的几个局部工作区域（局部线性阻抗模型）建立电池单体模型，起主要影响作用的变量（如 SOC、温度等）代表每个区域。从计算效率方面考虑，有可能推导出高度非线性系统的动态复杂度。

一般地，LMN 的每一个局部模型——由下角标 i 表示——包括两部分：有效函数 $\Phi_i(\tilde{x}(k))$ 和模型参数向量 θ_i。因此，Φ_i 定义了第 i 个局部模型的有效区域。

输出的局部估计由下式确定：

$$\hat{y}(k) = x^T(k)\theta_i \tag{7.3}$$

式中，$x^T(k)$ 为回归向量。在动态系统辨识中，回归向量 $x(k)$ 由之前系统的输入和输出组成。

整体模型的输出 $\hat{y}(k)$ 是对所有的局部估计 $\hat{y}_i(k)$ 进行加权得到：

$$\hat{y}(k) = \sum_{i=1}^{M} \Phi_i(k)\hat{y}_i(k) \tag{7.4}$$

式中

$$\Phi_i(k) = \Phi_i(\tilde{x}(k)) \tag{7.5}$$

M 为局部线性系统模型的数量。因此，$\tilde{x}(k)$ 的元素跨越了所谓的分割空间，并由过程的先验知识及其非线性的预期结构确定。

根据逻辑判别树计算有效函数 Φ_i。图 7.3 描绘了包括三个局部模型的模型树。每个节点对应于空间划分为两部分的分界点，分支的自由端代表了实际局部模型，其参数向量为 θ_i，有效函数为 Φ_i。因此，整个非线性模型包括 M 个局部模型和决定有效区域的 $M-1$ 个节点。

图 7.3 逻辑判别树

$$\Phi_1 = \varphi_1 \varphi_2 \tag{7.6}$$

$$\Phi_2 = 1 - \varphi_1 \tag{7.7}$$

$$\Phi_3 = \varphi_1(1 - \varphi_2) \tag{7.8}$$

为了表征在第 d 个节点处的判别函数，采用逻辑的 S 形激活函数，参见文献 [3]：

$$\varphi_d(\tilde{x}(k)) = \frac{1}{1 + \exp(-a_d(\tilde{x}(k)))} \tag{7.9}$$

式中

$$a_d(\tilde{x}(k)) = [1 \quad \tilde{x}^T(k)] \begin{bmatrix} \psi_{d0} \\ \tilde{\psi}_d \end{bmatrix} \tag{7.10}$$

式中，$\tilde{\psi}_d^T = [\psi_{d1} \cdots \psi_{dp}]$ 表示权向量，ψ_{d0} 称为偏差因子。判别函数 φ_d 用来计算有效函数 Φ_i，参见文献 [26]。在图 7.3 结构中的有效函数是由式（7.6）、式（7.7）和式（7.8）得到的。

依据非线性优化算法（更详细的介绍请参考文献 [9,10]）进行电池模型（LMN）的训练（即参数化）。图 7.4 所示为测量输出和仿真模型输出（验证数据）的对比，锂离子电池的实际测量数据突显了 LMN 的性能，结果表明提出的 LMN 训练算法有极好的归纳能力。

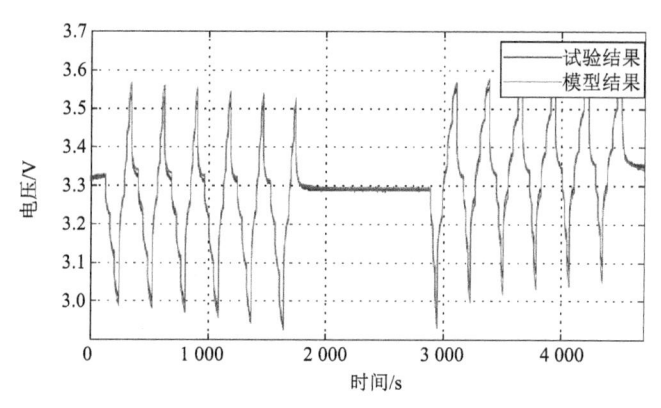

图 7.4 模型验证/归纳：仿真模型的输出和端电压的测量值比较（见彩插）

7.3.3 非线性观测器设计

从功能强大的传统控制理论角度看，LMNs 为稳定性分析和控制器/观测器设计提供了系统方法。可见，用基于模型的方法进行控制器/观测器设计的优点在于不依赖实际的设备就可完成任务。在文献［13］中，介绍了基于 LMN 的控制器设计和相关的稳定分析方法，LMNs 为每个局部模型建立了相关的局部控制器。与所提出的 LMN 结合，可以用不同的观测器结构，这样过程的局部线性化后，通过局部模型的结构和解析有助于降低模型/控制器的复杂度。这些观测器的结构包括扩展的卡尔曼滤波器（EKF）和模糊观测器。

● 一个广泛使用的电池 SOC 估计方法就是与等效电路模型相结合的扩展卡尔曼滤波器，参见文献［2，15，31，32］。扩展卡尔曼滤波器的目标就是把传统的卡尔曼滤波器应用到非线性系统，其中的滤波器增益由非线性模型的局部雅克比矩阵计算得到。

● 与局部控制器设计相似，模糊观测器可用于 LMNs 的状态估计，参见文献［5，24，27，28］。采用标准的卡尔曼滤波器理论，为每一个局部线性模型设计一个局部观测器。整体滤波器是局部滤波器的线性组合，见文献［28］。因此，与扩展卡尔曼滤波器（EKF）相比，局部观测器是时不变的，这大大地减少了整体滤波器的计算复杂性。模糊观测器结构的另一个重要优点在于根据李雅普诺夫（Lyapunov）稳定性理论，也可以进行非线性观测器的稳定性分析，参见文献［20，30］。

本节介绍用于 SOC 估计的模糊观测器设计。SOC 观测器把端电压模型（如 7.3.2 节所述）和相对 SOC 模型结合在一起

$$\text{SOC}(t) = \text{SOC}_0 + \int_{\tau=0}^{t} \frac{\eta_I(I)I(\tau)}{C_n} d\tau \qquad (7.11)$$

式中，SOC_0 表示初始 SOC，$I(t)$ 为瞬时单体电流，C_n 为电池单体额定容量，$\eta_I(t)$ 为库仑效率（参见文献 [11]）。图 7.5 所示为该方法的原理，其中 T_{Bat} 代表测量温度，U_{Bat} 和 $\hat{U}_{Bat}$ 分别为电池电压的测量值和预测（仿真的）值。因此，SOC 校正取自实际端电压与模型输出电压的对比。

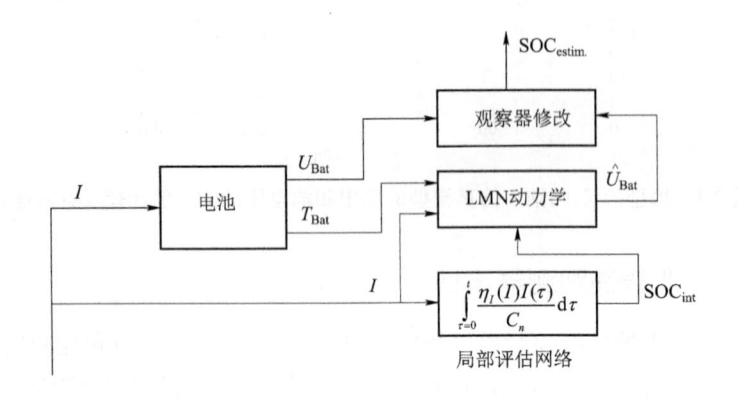

图 7.5 SOC 观测器结构

非线性观测器的设计涉及将非线性系统表示为局部线性状态空间模型，参见文献 [27]。与（相对的）SOC 模型式（7.11）结合，就得到了非线性模型的增广状态空间方程。利用 $SOC(k) = SOC(k-1) + \dfrac{T_s}{C_n}i(k)$ 这一关系式，增广状态向量（7.12）也包含了 SOC，而 SOC 原来是 LMN 训练模型的输入。此外，这个状态向量包含系统之前的输出：

$$z(k-1) = \begin{bmatrix} y(k-1) \\ y(k-2) \\ \vdots \\ y(k-n) \\ SOC(k-1) \end{bmatrix} \quad (7.12)$$

每一个局部模型的系统矩阵为

$$A_i = \begin{bmatrix} a_{1,i} & a_{2,i} & \cdots & a_{n,i} & b_{SOC,i} \\ 1 & 0 & \cdots & 0 & 0 \\ 0 & \vdots & \cdots & 0 & 0 \\ \vdots & \vdots & \ddots & \vdots & \vdots \\ 0 & 0 & \cdots & 0 & 1 \end{bmatrix} \quad (7.13)$$

输入矩阵为

$$B_i = \begin{bmatrix} b_{10,i} & b_{11,i} & \cdots & b_{20,i} & b_{21,i} & \cdots & b_{2m,i} & c_i \\ 0 & 0 & \cdots & 0 & 0 & \cdots & 0 & 0 \\ \vdots & \vdots & \ddots & \vdots & \vdots & \ddots & \vdots & \vdots \\ \dfrac{T_s}{C_n} & 0 & \cdots & 0 & 0 & \cdots & 0 & 0 \end{bmatrix} \quad (7.14)$$

输入矩阵是取自关联的模型参数向量 θ_i（即分子和分母多项式的元素以及局部仿射模型的仿射项 c_i），因此，输入矢量 $u(k)$ 包括当前的和过去的输入元素。

当 $C = [1 \; 0 \cdots 0 \; 0]$ 时，输出方程和状态方程确定了整体模型的输出。输出方程为

$$y(k) = Cz(k) \quad (7.15)$$

状态方程（属于局部模型的）为

$$z(k) = \sum_{i=1}^{M} \Phi_i(k-1)\{A_i z(k-1) + B_i u(k)\} \quad (7.16)$$

根据 LMN 的增广状态空间公式，状态估计值 $\hat{z}(k)$ 由以下方程式确定：

$$z_i^*(k) = A_i \hat{z}(k-1) + B_i u(k) \quad (7.17)$$

和

$$\hat{z}(k) = \sum_{i=1}^{M} \Phi_i(k-1)\{z_i^*(k) + K_i[y(k) - \hat{y}(k)]\} \quad (7.18)$$

式中

$$\hat{y}(k) = \sum_{i=1}^{M} \Phi_i(k-1) C z_i^*(k) \quad (7.19)$$

在式（7.18）中，矩阵 K_i 是第 i 个局部模型的卡尔曼滤波器增益，由下式计算：

$$K_i = A_i P_i^T C^T (C P_i^T C^T + R^T)^{-1} \quad (7.20)$$

式中，P_i 为离散代数黎卡提方程（DARE）的解

$$A_i P_i A_i^T - P_i - A_i P_i C^T (C P_i C^T + R)^{-1} C P_i A_i^T + Q = 0 \quad (7.21)$$

式中，Q 和 R 为黎卡提方程的测量噪声的协方差矩阵。

模糊观测器可以实现 SOC 估计，其性能再次得到了数据记录的验证。现在，假设 SOC 为未知量，初始 SOC 随机设定。锂离子电池单体的 SOC 实际值与 SOC 估计值的比较如图 7.6 中上图所示。SOC 的估计值收敛到准确值，而且基于 LMN 的模糊观测器实现了对未知 SOC 的准确估计。

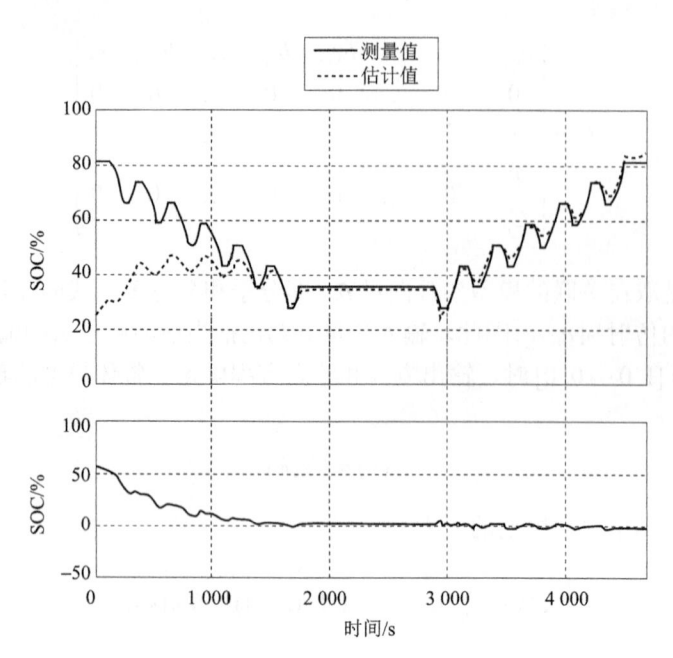

图 7.6　归纳数据：SOC 估计/随机初始化之后的校准

7.4　结　　论

本章阐述了基于数据的电池建模和相关的电池荷电状态观测器设计方法。介绍了完整的数据驱动校准工作流程，包括试验设计、非线性系统辨识和观测器设计。

试验设计的目标是对未知系统施加适当激励，这是基于数据建模技术的一个重要先决条件。基于模型的试验设计方法，其本身是依赖简单电池模型的，目的是在减少试验时间的同时增加信息量。根据测量数据，非线性电池模型的结构和参数可以用所提出的局部网络模型训练算法进行辨识。LMNs 的重要特点之一是为稳定性分析和观测器设计提供的系统方法奠定了基础。利用 LMN 的增广状态空间的表达式，可以设计模糊观测器用于 SOC 估计。与广泛使用的扩展卡尔曼滤波器相比，局部观测器的最大优势在于它是时不变的，而且不需要在每一个采样点线性化，这大幅度地减少了整体滤波器的计算复杂性。

所提出概念的性能从锂离子电池单体的测量数据中得到了验证。结果表明，电池模型具有优异的归纳能力，模糊观测器精确地估计了 SOC。

致谢

本工作得到基督教卜勒研究协会和 AVL 李斯特公司的支持。

参考文献

1. Arora P, Doyle M, Gozdz AS, White RE, Newman J (2000) Comparison between computer simulations and experimental data for high-rate discharges of plastic lithium-ion batteries. J Power Sources 88(2): 219–231. doi: 10.1016/S0378-7753 (99) 00527-3
2. Bhangu B, Bentley P, Stone D, Bingham C (2005) Nonlinear observers for predicting state-of-charge and state-of-health of lead-acid batteries for hybrid-electric vehicles. IEEE Trans Veh Technol 54(3): 783–794. doi: 10.1109/TVT.2004.842461
3. Bishop CM (1995) Neural networks for pattern recognition. Oxford University Press, USA
4. Brown M, Lightbody G, Irwin G (1997) Local model networks for nonlinear system identification. In: IEE colloquium on industrial applications of intelligent control (Digest No: 1997/144), pp 4/1–4/3. doi: 10.1049/ic: 19970785
5. Chen G, Xie Q, Shieh LS (1998) Fuzzy kalman filtering. Inf Sci 109(14): 197–209. doi: 10. 1016/S0020-0255(98)10002-6
6. Gomadam PM, Weidner JW, Dougal RA, White RE (2002) Mathematical modeling of lithium-ion and nickel battery systems. J Power Sources 110(2): 267–284. doi: 10.1016/S0378-7753(02)00190-8
7. Goodwin G, Payne R (1977) Dynamic system identification: experiment design and data analysis. In: Mathematics in science and engineering, vol 136. Academic Press, New York
8. Gregorcic G, Lightbody G (2007) Local model network identification with gaussian processes. IEEE Trans Neural Netw 18(5): 1404–1423. doi: 10.1109/TNN.2007.895825
9. Hametner C, Jakubek S (2007) Neuro-fuzzy modelling using a logistic discriminant tree. In: American control conference, 2007 ACC'07, pp 864–869. doi: 10.1109/ACC.2007.4283048
10. Hametner C, Jakubek S (2013) Local model network identification for online engine modelling. Inf Sci 220(0): 210–225, doi: 10.1016/j.ins.2011.12.034, http: //www.sciencedirect.com/ science/article/pii/S0020025512000138, online Fuzzy machine learning and data mining
11. Hametner C, Jakubek S (2013) State of charge estimation for lithium ion cells: design of experiments, nonlinear identification and fuzzy observer design. J

Power Sources 238(0): 413–421. doi: 10.1016/j.jpowsour.2013.04.040
12. Hametner C, Nebel M(2012) Operating regime based dynamic engine modelling. Control Eng Pract 20(4): 397–407. doi: 10.1016/j.conengprac.2011.10.003, http: //www.sciencedirect.com/science/article/pii/S0967066111002085
13. Hametner C, Mayr CH, Kozek M, Jakubek S (2013) PID controller design for nonlinear systems represented by discrete-time local model networks. Int J Control 86(9): 1453–1466. doi: 10.1080/00207179.2012.759663, http: //www.tandfonline.com/doi/abs/10.1080/00207179.2012.759663
14. Hametner C, Stadlbauer M, Deregnaucourt M, Jakubek S,Winsel T (2013) Optimal experiment design based on local model networks and multilayer perceptron networks.Eng Appl Artif Intell 26(1): 251–261. doi: 10.1016/ j.engappai.2012.05.016, http: //www.sciencedirect.com/science/article/pii/ S0952197612001224
15. Han J, Kim D, Sunwoo M (2009) State-of-charge estimation of lead-acid batteries using an adaptive extended kalman filter. J Power Sources 188(2): 606–612. doi: 10.1016/j.jpowsour. 2008.11.143
16. Hu Y, Yurkovich BJ, Yurkovich S, Guezennec Y (2009) Electro-thermal battery modeling and identification for automotive applications. In: ASME conference proceedings 2009(48937), pp233–240. doi: 10.1115/DSCC2009–2610
17. Johansen TA, Foss BA (1995) Identification of non-linear system structure and parameters using regime decomposition. Automatica 31(2): 321–326. doi: 10.1016/0005–1098(94)00096–2
18. Klein R, Chaturvedi N, Christensen J, Ahmed J, Findeisen R, Kojic A (2010) State estimation of a reduced electrochemical model of a lithium-ion battery. In: American control conference (ACC), 2010, pp 6618–6623
19. Ljung L (2008) Perspectives on system identification. In: Proceedings of the 17 th IFAC world congress
20. Mayr C, Hametner C, Kozek M, Jakubek S (2011) Piecewise quadratic stability analysis for local model networks. In: 2011 IEEE international conference on control applications (CCA), pp 1418–1424. doi: 10.1109/CCA.2011.6044503
21. Morris M (1995) Exploratory designs for computational experiments. J Stat Plan Infer 43(3): 381–402. doi: 10.1016/0378–3758(94)00035–T
22. Murray-Smith R, Johansen TA (1997) Multiple model approaches to modelling and control. Taylor & Francis, London
23. Nelles O (2002) Nonlinear system identification, 1 st edn. Springer, Berlin
24. Polansky M, Ardil C (2007) Robust fuzzy observer design for nonlinear

systems. Int J Math Comput Sci 3: 1
25. Pronzato L(2008) Optimal experimental design and some related control problems. Automatica 44(2): 303–325
26. Pucar P, Millnert M (1995) Smooth hinging hyperplanes—an alternative to neural networks. In: Proceedings of the 3 rd ECC
27. Senthil R, Janarthanan K, Prakash J (2006) Nonlinear state estimation using fuzzy kalman filter. Ind Eng Chem Res 45(25): 8678–8688. doi: 10.1021/ie0601753
28. Simon D (2003) Kalman filtering for fuzzy discrete time dynamic systems. Appl Soft Comput 3(3): 191–207. doi: 10.1016/S1568–4946(03)00034–6
29. Sjoberg J, Zhang Q, Ljung L, Benveniste A, Deylon B (1995) Nonlinear black-box modeling in system identification: a unified overview. Automatica 31: 1691–1724
30. Tanaka K, Ikeda T, Wang H (1998) Fuzzy regulators and fuzzy observers: relaxed stability conditions and LMI-based designs. IEEE Trans Fuzzy Syst 6(2): 250–265. doi: 10.1109/91. 669023
31. Vasebi A, Partovibakhsh M, Bathaee SMT (2007) A novel combined battery model for state-of-charge estimation in lead-acid batteries based on extended kalman filter for hybrid electric vehicle applications. J Power Sources hybrid Electr Veh 174(1): 30–40. doi: 10.1016/j.jpowsour.2007.04.011
32. Vasebi A, Bathaee S, Partovibakhsh M (2008) Predicting state of charge of lead-acid batteries for hybrid electric vehicles by extended kalman filter. Energy Convers Manage 49(1): 75–82, doi: 10.1016/j.enconman.2007.05.017

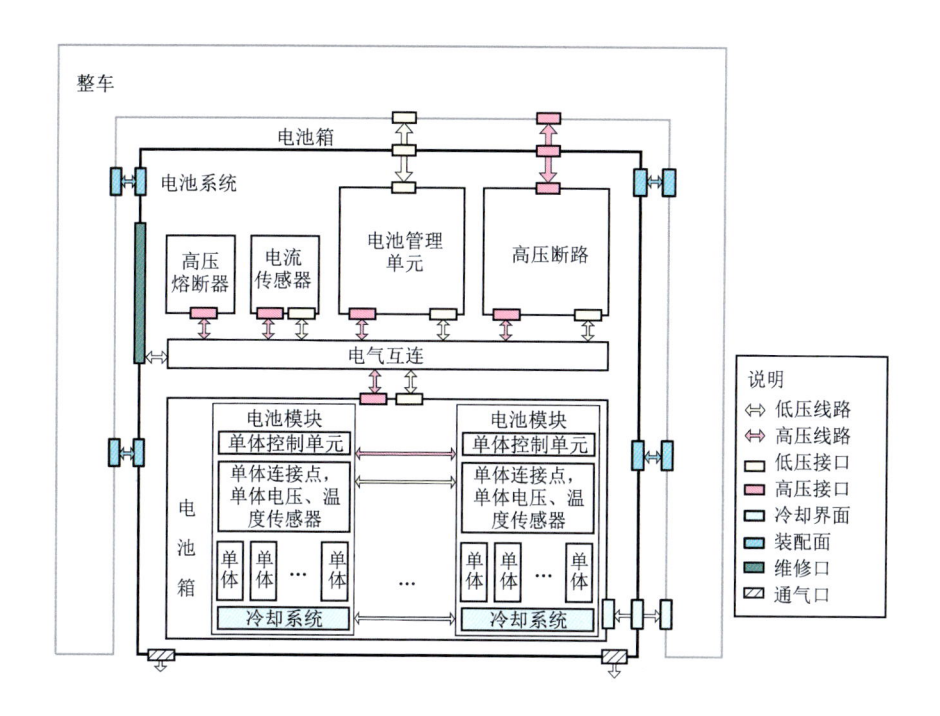

图 1.2　电池系统结构——汽车电池的主要部分及其相互关系

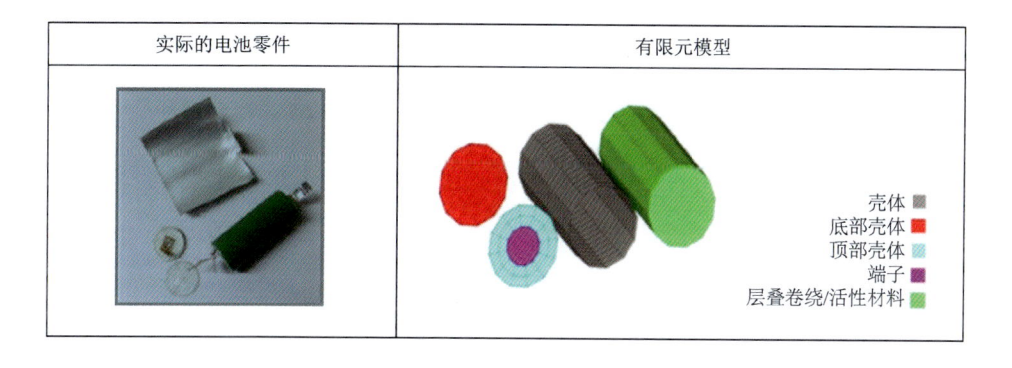

图 2.7　铝壳圆柱形电池组件实物（左）和对应的有限元模型（右）

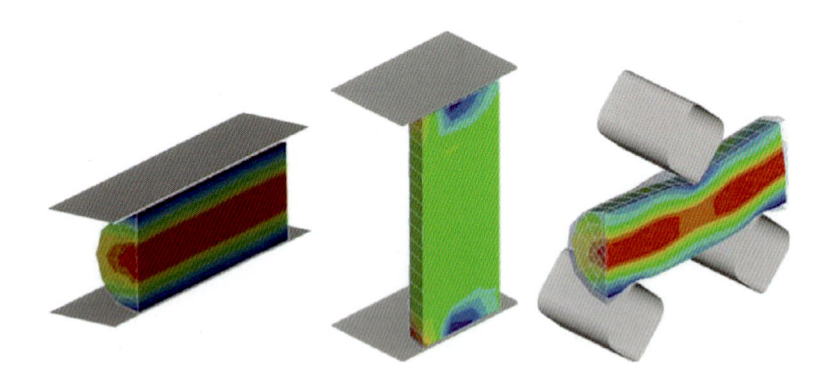

图 2.11　半个铝壳圆柱形电池有限元模型；垂直于电池轴压缩测试（左）、沿电池轴压缩测试（中）和三点弯曲测试（右）

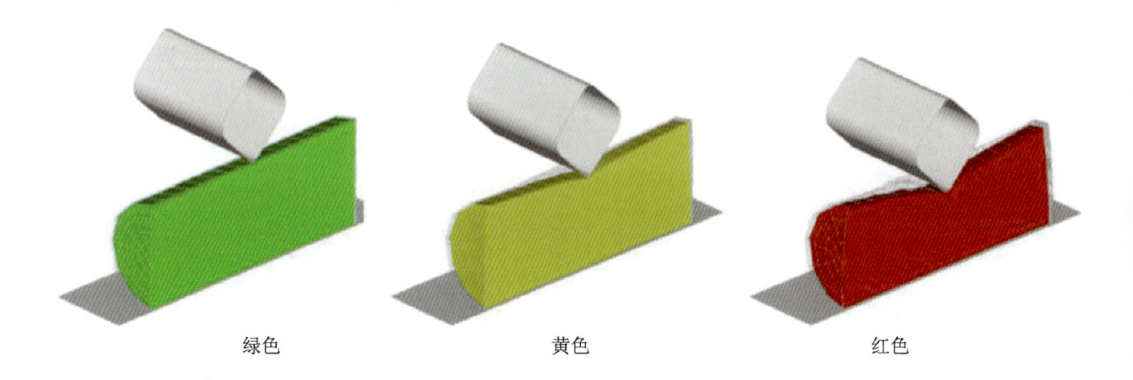

绿色　　　　　　　　　　黄色　　　　　　　　　　红色

图 2.14　基于外压缩变形下的圆柱形电池失效评价，绿色表示合理，黄色表示临界状态，红色表示失效

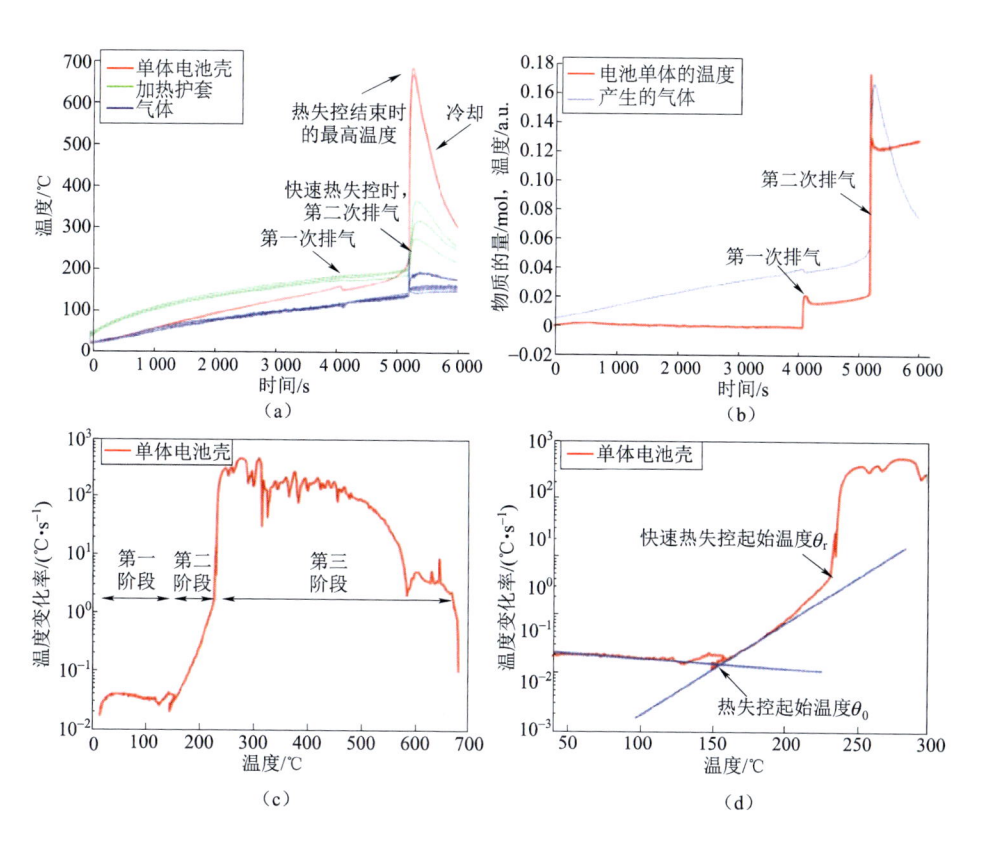

图 3.4 （a）在压力容器内所有温度传感器的温度随时间的变化曲线，绘制的是整个实验持续时间；（b）产生的气体随时间变化的曲线，电池单体温度以任意单位表示；（c）电池单体温度变化率随电池单体温度的变化曲线，该图涵盖了整个实验过程；（d）电池单体温度变化率随电池单体温度的变化曲线，直线部分拟合了加热阶段和准指数阶段，两条线的交点 θ_0 表示热失控反应的开始，温度变化率的急剧增大表示快速热失控 θ_r 的开始

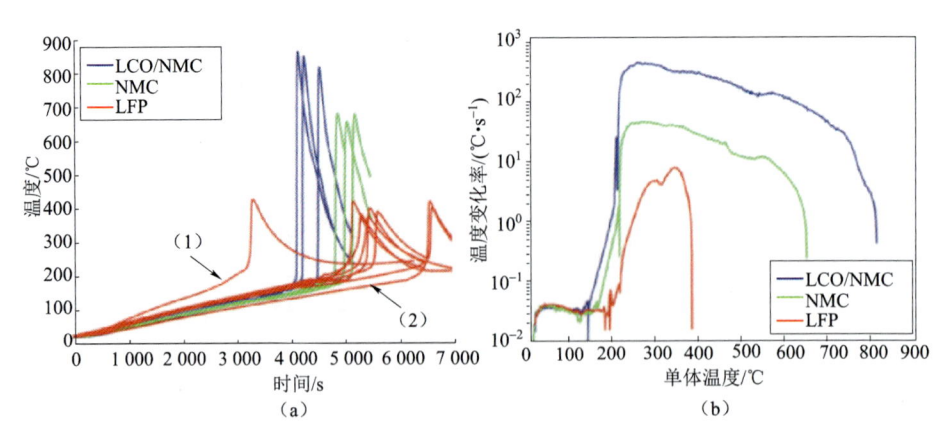

图 3.5 （a）电池单体测试的温度-时间曲线，整个实验期间和整个实验设置的数据也同时表示在该图中。考虑到实验的完整性，将包含加热套的两种加热速率的 LFP 单体测试结果同时画在图中：（1）较高加热率的加热套；（2）较低加热率的加热套。（b）三个代表性实验的温度变化率

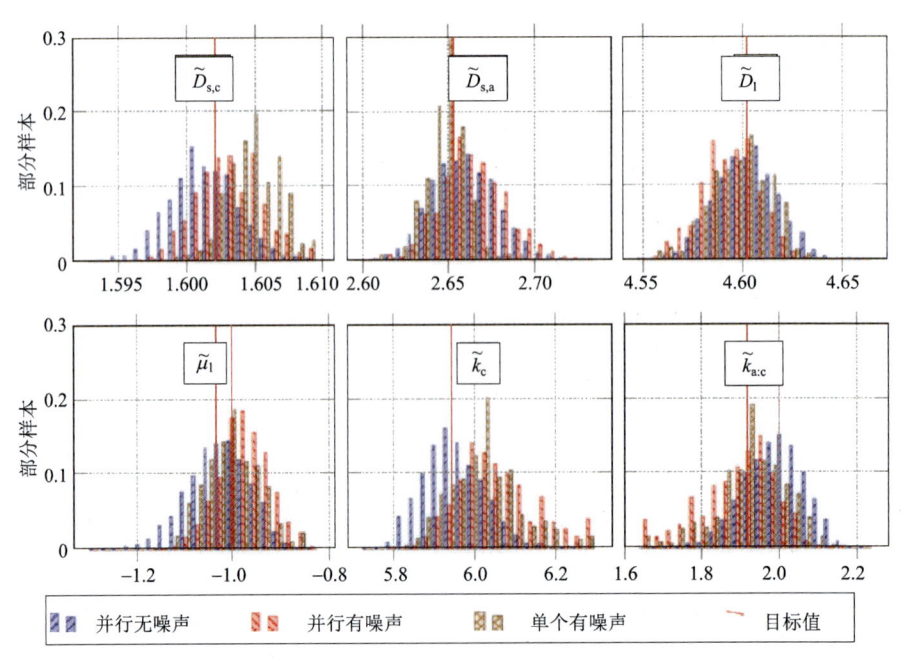

图 6.4 后验模型的结果

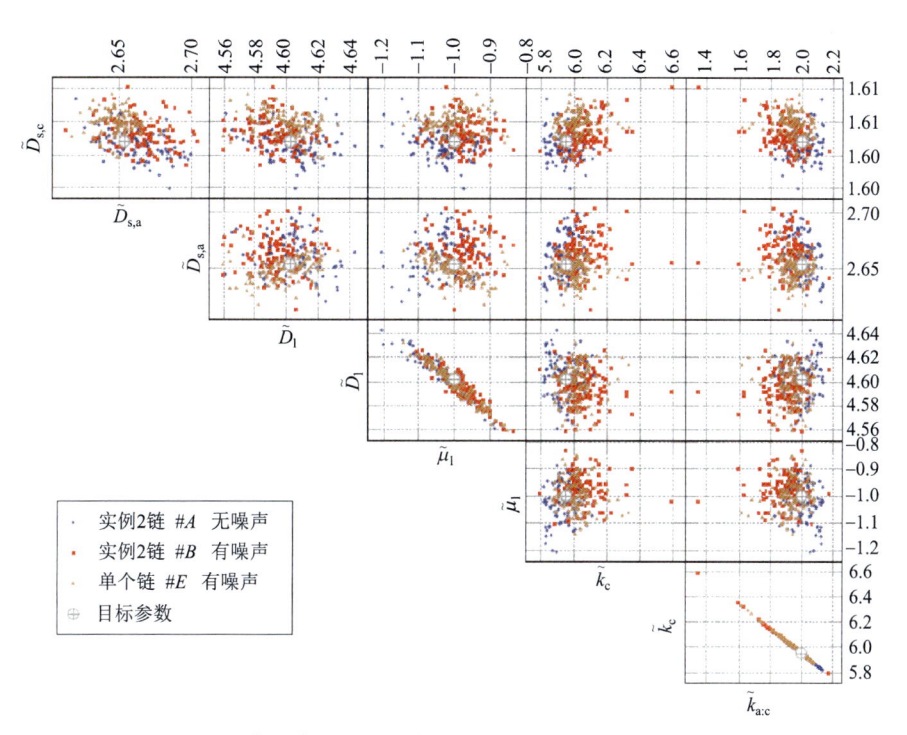

图 6.5 表示参数集 θ 中参数之间的互相关性二维散点图

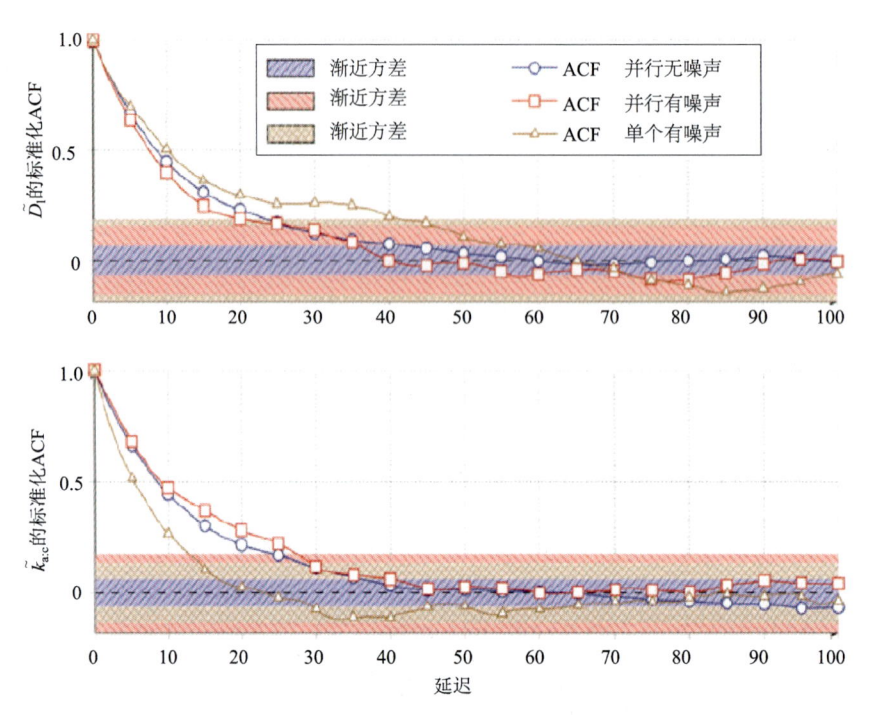

图 6.6 MCMC 仿真时估计的自相关函数（ACF）（所估计的渐近方差 95% 的置信区间为叠加阴影部分）

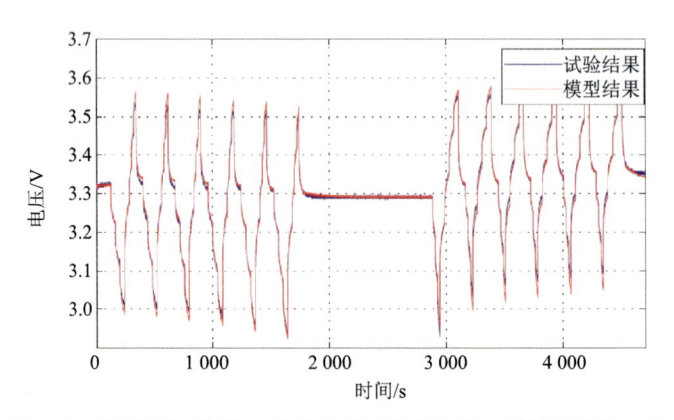

图 7.4 模型验证/归纳：仿真模型的输出和端电压的测量值比较